Прогулки с Бродски
и так далее

步 巾
威 罗
尼 茨
斯 基

〔俄〕伊莲娜·亚科维奇 著
谷兴亚 译

人民东方出版传媒集团
People's Oriental Publishing & Media Group

东方出版社
The Oriental Press

在阿列克谢·希绍夫与伊莲娜·亚科维奇的纪录片中

目录

前言

1993 年 11 月，我们与布罗茨基在威尼斯拍摄纪录片，一起度过了整整一个星期。这部纪录片名叫《与布罗茨基一起漫步》，它获得了首届"电视太空"职业电视奖（ТЭФИ），而且恰恰是在 1995 年 5 月 24 日，布罗茨基生日的那一天。后来我们得知，这是他的最后一个生日。这部作品竟成了唯一一部诺贝尔奖获得者用母语直接与俄罗斯观众交流的纪录片。他的思想和言论，随着时间的流逝，每一年、每一天都在获得越来越深刻、越来越鲜明的意义，仿佛时光正试图追上布罗茨基……

《与布罗茨基漫步威尼斯》一书是这次珍贵的拍摄过程的完整资料，因为纪录片本身收录的仅仅是与布罗茨基谈话的一部分。当摄影机关闭的时候，布罗茨基同意我们使用录音设备。保存下来的共有四盒录音带，这是他未曾公布过的最后的谈话。

当时威尼斯几乎是被偶然选中的。我们知道他很喜欢这座城市，每年都来这里，还写了关于威尼斯的著名随笔《水印》[1]。当然他一生中还有其他心爱的城市——纽约、阿姆斯特丹，以及他的故乡圣彼得堡。

纪录片拍摄完成三年之后，约瑟夫·亚历山德罗维奇·布罗茨基在纽约逝世。他被安葬在了威尼斯的"墓地岛"，即圣米凯莱岛公墓，与斯特拉文斯基[2]和佳吉列夫[3]毗邻。和布罗茨基一样，他们也是流亡者；和他一样，他们也使俄罗斯扬名于全世界。从这时起，"与布罗茨基漫步"便拥有了新的内涵，因为这是在他最后栖息的城市里散步。

---

[1] 《水印》(Watermark)，布罗茨基用英语写作的自传体散文，1989年12月在威尼斯出版。该书意大利语和俄语版本的标题，都是《不可救药的堤岸》(Fondamenta degli incurabili, Набережная неисцелимых)。这是指威尼斯最长的一段堤岸——位于多尔索杜罗区的扎特雷堤岸(Fondamenta delle Zattere)。若无特别说明，本书注释均为译注。

[2] 斯特拉文斯基(1882—1971)，俄罗斯作曲家、指挥家。自1939年起生活于美国。

[3] 佳吉列夫(1872—1929)，俄国戏剧和艺术活动家，1893年后一直生活在国外。

正如布罗茨基本人所说："我们终将离去，而美却停留。当美是永恒的现在的时候，我们却走向未来。"[1]

伊莲娜·亚科维奇

---

[1] 出自布罗茨基《水印》。

献给深切怀念的阿列克谢·希绍夫[1]

---

[1] 阿列克谢·维塔利耶维奇·希绍夫（1960—2010），俄国新闻电影导演。

问：绝路有可能变成出路吗？

布罗茨基：绝路——就是出路。

（引自谈话录音）

"如果此刻您到那儿去，会看见人们如何将死者抬上送葬船。这仅有十步之遥。"布罗茨基说。他站在教堂前面，我们正打算进入教堂——依照惯例，他想向我们展示某幅天才的绘画。不知何故，此前这总是不能实现，好像威尼斯不让我们离开它那些建筑物立面与运河。广场逐渐被急切的铃声充满。"多么美呀。"布罗茨基说。纪录片尚未正式开拍，但摄像机已经启动，记录下了他说的关于送葬船的话，以及他的面容。他告诫我们"不要摄像，那里在安葬"，紧接着说，"走吧"。我们便走开，确切地说，是跟在送葬队伍后面跑，一直跑到潟湖岸边。湖面上飘荡着的不是游船，而是两艘汽艇；灵柩被放置在一艘汽艇上面，被撒上鲜花，亲人们则坐上另一艘汽艇。它们驶向"墓地岛"的红色砖墙——圣米凯莱公墓，在无边无际的水面上渐渐变成两个小黑点。

　　后来我们还在威尼斯海洋博物馆见过这种黑色的送葬

船，是布罗茨基带我们到那里去的。

拍摄之前我问布罗茨基，摄影机关闭之后能否使用录音机。他同意了。那台如今早已过时的索尼录音机，现在我还保留着。当年它可是值得骄傲的物件——四四方方的大家伙，配有《文学报》赠予的珍贵的盒式磁带。

啊，我最喜欢的作曲家是这样的——我一辈子都不能离开他。比如海顿。当然，还有莫扎特。在这座房子里曾住着一位特别值得注意的先生，写了一首著名的柔板曲，他就是奇马罗萨[1]。他曾经住在这里。而我最喜爱的音乐就是西德尼·贝彻[2]的《小花》。多尼采蒂[3]的《拉美莫尔的露琪亚》也十分出色。如果我死了，我希望到时就演奏它。"如果我死了"！那是什么时候呢。

（摘自录音）

从那以后我再也没去过威尼斯。我受不了。也再没到过他的墓地。

1　多梅尼科·奇马罗萨（1749—1801），意大利作曲家、歌唱家。
2　西德尼·贝彻（1897—1959），美国爵士乐演奏家、作曲家。
3　多尼采蒂（1797—1848），意大利作曲家。

1

旧广场[1]上的布罗茨基"档案"

布罗茨基：

"他们一共五个人"——这很奇妙。顺便说一句，一切都起始于此。那里是这部纪录片的主要舞台……那些形形色色的法国人投身于战争，加入抵抗运动之中，等等。战后经过一段时间，他们又见面了，六点多，在一个卡巴莱餐馆[2]，是这五个人中的一个人经营的。第一个人是卡巴

---

[1] 位于俄罗斯首都莫斯科，实际上不是一座广场，而是一条大街。旧广场4号曾是苏联共产党中央委员会总部所在地，也是苏联共产党机关的象征。现为俄罗斯总统办公厅总部。

[2] 源自法语 cabaret，一种有歌舞表演的餐馆式咖啡馆。

莱餐馆出色的老板；第二个是贵族；第三个我记不清是何许人了；第四个人是骗子；第五个人是一个小小的中尉，他后来远赴阿尔及利亚参战。这一切都发生在他们朋友开的卡巴莱餐馆里，而小中尉，这在一定程度上决定了我在这个世界上的作为——他略带醉意地走上舞台，开始朗诵诗歌。他叫瓦列里，如果我没记错的话。人们开始朝他吼叫，轰他下台，逐渐起了冲突。可是他完全不为所动，依然平静地朗诵美妙的诗句。这才叫庄重自持，你只管朗诵，大厅自会因为你的行为融入寂静的黑夜——在我看来，这才是最有意思的题材。

（拍摄中的第一次录音）

说真的，这怎么能实现呢？——1993年11月，我们与他在一起在威尼斯拍摄了整整一星期，随后又同希绍夫剪辑完成纪录片《与布罗茨基一起漫步》。我想，他愿意这样做。他愿意为他不打算再回去的俄罗斯、为他的俄罗斯读者拍一部关于他本人的影片。我们仅仅是传播者而已。

这一切都开始于1993年5月5日《文学报》上的那一篇文章——《旧广场上的布罗茨基"档案"》。此刻，这份因时光流逝而泛黄的报纸就在我的手中。

那时候被划为机密的档案正在逐渐解密，其中便有中央档案馆的某些文件。中央档案馆目前已改名为现代文件保管中心（ЦХСД）。一位熟人从那里打来电话问："你想看些什么？"我说："想看有关布罗茨基的材料，如果有的话。"毕竟，在中央的层面上并非一切都已经解禁。布罗茨基的档案正在解禁。

其实，那里没有他的什么"档案"，只有名为"最高机要"与"冒充诗人及翻译家的嫌犯"的两份材料。一份是1964年至1965年的，涉及在自己国家内部"审判布罗茨基在创作知识分子当中引发的各种曲解"。

第二份是1987年的，是党的领导干部们关于他获得诺贝尔奖金的通信记录。他们当时不知道如何对待他才好。一方面，国内正在大张旗鼓地进行改革；另一方面，他们按惯例进行讨论，是否允许苏联报刊报道授予布罗茨基诺贝尔奖的新闻——如果报道，那么限用几行字。

关于列宁格勒的材料总共两份，但它们主要说的是时势与命运。还有关于一些人的材料——他们的姓名全都是用大写字母拼成的。

苏共中央

机密

1964 年 5 月 20 日

……作家协会会员楚科夫斯卡娅[1]、奥尔洛娃、科彼列夫[2]把对布罗茨基的审判视为"人所共知的专制宿疾的可悲复发"……

诗人叶夫图申科[3]读完维格多罗娃的材料之后宣称,对布罗茨基的审判散发着法西斯气息,是对法制的破坏。

马尔夏克[4]、楚科夫斯基与肖斯塔科维奇采取行动保护布罗茨基,他们认为法庭对布罗茨基不公正……

应当指出,在创作知识分子圈子里,关于布罗茨基一案,鼓噪得最积极的是犹太知识分子。广泛传播维格多罗娃的材料的后果便是,它们成了国外媒体的财富……

国家安全委员会采取措施,搜捕一切协助将关

---

[1] 楚科夫斯卡娅(1907—1996),苏联作家,批评家。著名作家楚科夫斯基(1882—1969)的女儿。

[2] 科彼列夫(1912—1997),苏联作家,日耳曼学者。

[3] 叶夫图申科(1933—2017),苏联诗人。

[4] 马尔夏克(1887—1964),苏联诗人、翻译家,苏联儿童文学经典作家。

于布罗茨基一案的带倾向性的信息传播到国外去的
人士。

国家安全委员会主席

弗·谢米恰斯内

在诺连斯卡亚村，流放中的布罗茨基在牧牛（据反
映，放得不好，因为"小牛犊们远隔一俄里便嗅到了知
识分子的味道"），并写下了自己的优秀诗篇。在莫斯科，
按照中央委员会文化局下发，经安德罗波夫、杰米契夫、
伊利乔夫、波德戈尔内与科兹洛夫（几乎是整个政治局）
签署的指示，苏联作家协会与俄罗斯联邦作家协会联手，
与下辖的莫斯科分会讨论"个别文学家"敢于袒护"布罗
茨基不健康现象与反党行为的问题"。

随后，谢米恰斯内的公文被"归档"保存。

在中央档案馆里还保存着萨特写给米高扬的私人信
件。多亏了作协书记——诗人阿列克谢·苏尔科夫，收到
这封请他转交给收件人的信之后，他把一份复印件交给了
"苏共中央书记杰米契夫同志"。

1965 年 8 月 17 日，让－保罗·萨特

222 号，拉斯拜尔林荫大道，巴黎

主席先生：

我斗胆给您写这封信，仅仅因为我是您伟大国家的朋友。我经常去贵国访问，结识了许多作家，我完全明白，被贵国的西方敌人称为"布罗茨基案件"的事件，只不过是令人费解、令人遗憾的意外事件而已。然而，我很想告知您，反苏报刊利用这个事件展开浩大攻势，将这个意外事件归作苏联法制的典型案例。他们甚至指责政府敌视知识分子，执行反犹太主义。在 1965 年的最初几个月，我们这些多元文化的拥护者，尚很容易回复这种恶意的煽动：我们的苏联朋友向我们保证，最高执法机关的注意力指向布罗茨基案件纯属偶然，法庭的判决会非常审慎。遗憾的是，时间过去了，我们却得知此事毫无进展。苏联的敌人——亦即我们的敌人——的进攻变得越来越残酷。我想指出，有人不止一次地建议我公开表明自己的立场。到目前为止，我拒绝这样做。然而，保持沉默与作出答复一样，变得越来越困难。

主席先生，我想让您知晓我们所感受到的不安。我们不可能不知道，在任何社会制度下，要重新审视

已经作出的决定都是十分困难的。不过，我了解您深刻的人道主义，与您对于强化东西方文化联系的关心，我下决心向您发出这封纯属私人性质的信函，目的是请求您，为了我们与社会主义国家的真诚友谊，我们把全部希望寄托在了这些国家上面，请保护一下这位还十分年轻的诗人，他已经是——或者必将成为一位优秀的诗人。

谢谢您，主席先生，为了您高尚的关切，并请求您接受我崇高的敬意。

让－保罗·萨特

遵守全部礼节，态度十分谦恭。执笔者深谙高层政治法则，通晓外交辞令。但是，通过这一切传达出一个朴实的思想：您还是放过他吧，否则我要开口讲话了——你们的欧洲作家大会马上就要开幕了。布罗茨基真的被释放了。九月，他从流放地阿尔汉格尔斯克回到了列宁格勒。

1964 年，距此一年之前，萨特被授予诺贝尔文学奖，但他拒绝领奖。

几乎四分之一个世纪过去了，"或者必将成为一位优秀的诗人"的那个人成了诺贝尔文学奖获得者。问题变得有些棘手。于是，克格勃与中央委员会之间就有了一批新的信件。

1987 年 10 月 27 日，当时的国家安全委员会主席切布里科夫向利加乔夫同志发出了"五页机密和三页非机密的文件摘抄"。

机密的部分是布罗茨基极为详细的生平，附带这样一段结束语：

> 西方宣传部门将布罗茨基描绘成"在苏联遭受媒体迫害的俄罗斯优秀诗人，他被判刑，被关进牢狱，遭受流放，并被迫离开祖国"，与此同时，却将他的出生地列宁格勒市说成是"极权政治的摇篮"，他本人则是"暴政与诗歌对立的象征"。授予布罗茨基诺贝尔奖是西方反动势力的政治挑衅行为……

文件后面附着克格勃选出的布罗茨基"非机密"的三页诗，这些片段选自《森林田园诗》、《话语的部分》和《美好时代的终结》，以及《朱可夫之死》。

之后他们一起玩起了"跳棋"，这是机关干部们常用的精致手段——"从一个方面来看……从另一个方面来看……"，他们等待着他的诺贝尔奖获奖演说。

> 苏联驻瑞典大使馆认为，在现阶段避免就瑞典科学院的决定发表评论是明智的。苏共中央文化部同意

大使馆的意见。在十月革命七十周年前夕就这件事发表评论，有可能分散对当前主要议事日程的注意力。

然而，世事有着自己的日程，目前议事天平上的核心问题就是布罗茨基荣获诺贝尔奖这件事。

诺贝尔奖颁发结束后，下一个瞩目的问题是世界舆论界不理解，苏联"为什么甚至不公布授予布罗茨基诺贝尔奖一事"。于是，1987年11月11日，也就是过了不到一个月，中央终于决定，不仅要公布，还允许《新世界》杂志刊登他的诗作……

总之，我在《文学报》上为这些文件安排了一个整版，其中包括1987年在《新世界》负责诗歌版块的奥列格·丘洪采夫所作的评述。这些诗歌在他获得诺贝尔奖前不久就开始搜集，终于在那一年即将结束的时候，在12月的杂志上，在"他心爱的祖国"，布罗茨基的第一个诗歌专辑发表了。在国内，这既是突破也是损失——六十年来，任何一个侨民作家生前都未曾在苏联发表过什么东西……

丘洪采夫讲了其中缘由。他与布罗茨基相识于1987年春，在纽约的世界文学学术大会上。俄罗斯作家们在那里介绍祖国文学，并第一次能同流亡作家们——西尼亚夫斯基、埃特金德、托马斯·文茨洛瓦和布罗茨基——肩并肩坐在一起，出现在一个代表团里。回到莫斯科之后，他立刻开始编选布罗茨基的专辑，想将其纳入9月那一期，在征订季开始之际。可是，杂志社里有人请求将这些诗歌排到12月——延后一些，到年终。就这样，明明在10月杂志都已拼版结束，"改革与公开性时代"的《新世界》杂志的编辑扎雷金却接到通知，"上面"说，印还是不印，11月革命节之后才能有答复。总之，可能连纳入1987年最后一期都来不及了。出于"技术性原因"，有人建议丘洪采夫把布罗茨基的专辑推迟到来年2月。而当时，从1988年1月那期起，即将开始另一场轰动性事件——三十年前的诺贝尔奖风波。帕斯捷尔纳克[1]的《日瓦戈医生》首次在其祖国发表。丘洪采夫明白，布罗茨基很有可能发表不成，便在答《莫斯科新闻》记者问时说："公开性愈强，机会愈多。"但这个答记者问未能及时见报。因为11月10日扎雷金打了个"试探性电话"，他被告知：请等一天，请再等一天……

可以设想，扎雷金与丘洪采夫这两位令人尊重的人，在《新世界》的办公室里如何坐等、企盼在祖国允许刊登

---

[1] 帕斯捷尔纳克（1890—1960），苏联诗人、作家，1958年获诺贝尔文学奖。代表作有《日瓦戈医生》。

刚刚荣获诺贝尔奖的俄罗斯诗人的作品。

盼望已久的电话铃声在 11 月 11 日那天响了。

正如丘洪采夫所说，这是用国际象棋的大棋子玩了一局"跳棋"。着数普普通通。为了不让突然袭来的光线灼伤我们的眼睛，他们缓缓取下眼罩。他们自以为是按计划行事——揭下一层纱布，再揭下一层纱布。让社会有所准备，也让"患者"有所准备。他们让自己做好准备，这很有趣……

我同叶夫根尼·莱茵讨论了 60 年代中期的形势，以及萨特使布罗茨基从流放中获释的那封信。莱茵是布罗茨基的朋友与这些事件的目击者。我们同时产生了一个荒诞的念头：能否请布罗茨基本人诠释一下中央档案馆里的文件呢？我们设法要来了他的家庭电话，拿起话筒的是他的夫人玛丽亚。她说，他现在在宾馆，他写作时有时候就住在宾馆里。她给了我们电话号码。

于是，我第一次听到了他的声音。

布罗茨基很有礼貌地答复说，他能作出的唯一的评述就是，这不值得任何评述。他认为，这一切之所以轰然倒塌，就是因为高层次的人们却都在做无谓的琐事。为此他既不打算惊奇骇怪，也不打算幸灾乐祸，更不要说义愤填膺了。（这是他的原话，我当时便记录下来了。）

我问他，关于《文学报》他是否想说点什么。他说了一句话，大意是"《文学报》是份好报纸"。结果，那期报纸便在头版以这个为通栏大标题出版了。还直接放在了普希金与高尔基的侧面像之上。

就在这次电话交谈当中，我突然问道："我们可以给您拍一部纪录片吗？"他客客气气地答道："啊，看看吧……"显然，是要拒绝。

但在 90 年代之初，一切都是可能的。我去莱茵那儿取材料时，提议道："咱们拍一部布罗茨基的纪录片吧。"不知为什么，我们并没有质疑布罗茨基本人是否会同意，而直接讨论起该在哪儿拍摄。我们一致决定，就定在威尼斯——那里很美，而且布罗茨基还写了一部随笔集《水印》，这就是现成的纪录片脚本嘛（我们当时就这样以为）。

当时，阿列克谢·希绍夫刚从《文学报》调到奥斯坦基诺的电视台，我则当上了不久前被任命为文化部长的叶夫根尼·尤里耶维奇·西多罗夫的新闻秘书。

我们全都给布罗茨基写了信。莱茵写了私人信件；西多罗夫以文化部长的名义写了一封公函；希绍夫安排了寄自电视台的信。1993 年 5 月，我们把这些信件放进一个大纸袋，作为外交公函投寄了出去。可是，没有人答复我们。后来查明，信件根本没有送达。纽约的俄罗斯驻联合国代表处给布罗茨基打了电话，说有份苏联文化部给他的文件，请他来取……

可我们对此一无所知。

两个月过去了。我偶然遇到了莱茵，他要去位于地铁机场站附近的文学基金会门诊部。我对他说："您的朋友固然是个天才。不过，苏联文化部长给他写信，他哪怕回答一声'不'也好嘛。""确实。"莱茵沉思了一会儿说。晚上我与他在文化部见了面，他拨通了布罗茨基的电话。布罗茨基居然非常爽快地同意了："10月我要去意大利。到时请你们也去吧。"

一个月之后他用英语发来传真，表示同意参与纪录片拍摄。同时还发来一个豪放的签名：

Josef Brodsky [1]

其实这事应该与他最终敲定，可是我害怕和他通电话，最后反倒是他自己给莱茵打来了电话："喂，你们去不去呀，我可要去意大利了，到时你们有可能找不到我。"

直到最后我们也不知道，布罗茨基是因为私事去意大利与莱茵会面，还是专门去拍摄纪录片。当时我们并不了解。不过，拍摄的事宜既已谈妥，他必然是去工作的。

---

[1] 英文手写体：约瑟夫·布罗茨基。

2

威尼斯迷宫

我们提前两天便到达威尼斯，开始等待。

我们与他的第一次会面几乎是偶然邂逅，在圣马可广场上。我们知道布罗茨基应该在这一天到来，莱茵便去接他。晚上，我与阿列克谢坐在著名的"弗洛里安"咖啡馆的露天柱廊上。阿列克谢突然说："看哪，布罗茨基好像在那儿。"他在自己的座位上，透过窗玻璃能看到咖啡馆里面的活动，那里有穿戴异常整齐的莱茵。他西服、领带一应俱全，正在与一个人谈话。阿列克谢悄悄走过去看，回来时激动不已，那个人确实是布罗茨基。我们立刻讨论要怎么办——是马上离开这里，第二天经正式介绍再同他相见，还是留下来。最终我们决定，顺其自然吧，便留了下来。过了一会儿，莱茵和布罗茨基走了出来，撞见了我们。莱茵喊道："哎呀，太巧了，这就是我同你讲过的那些人。""好吧，"布罗茨基说道，"那么，明天在'弗洛里安'见。"他的表情平静、自信。莱茵则异常激动。他们说完便转过身走了。莱茵的后背非常宽阔，给人以安全感。布罗茨基的后背——则不那么有安全感。

第二天上午我们在"弗洛里安"见了面，坐在一张优雅的露天餐桌周围，在威尼斯极为常见的蔚蓝色大海岸边的圣马可广场上。布罗茨基为我们安排了某种"试探"[1]——他问道："谁来买单呢？""当然是我们啦，不过以后不能总是这样，钱总会用完的。"他点了点头，似乎还满意。当我们开始给他讲述纪录片脚本，并用颤抖的手将某些草图指给他看的时候，他认真地看了看我们，说道："不必怕我。咱们不过是在威尼斯散散步，我把一切都指给你们看，那样就会有所收获。"

就这样，我们开始了在威尼斯迷宫头晕目眩的漫游。

---

[1] 原文为"检查有无虱子"，引申为"对道德人品的试探"。

跟上布罗茨基的脚步是不可能的，他的行动总是那么敏捷。在他前面，背朝前方倒退着跑的是我们的摄影师奥列格·绍罗赫。全程都是跑着进行的。纪录片并没有按照章程拍摄。一般来说，纪录片完全不是这样拍的，可又有谁知道该如何去拍呢。

古希腊英雄代达罗斯[1]建造了迷宫，以便把帕西淮与公牛所生的弥诺陶洛斯藏起来。他制成了第一个浮空飞行器。他在西西里建造了第一座要塞。他建造了一切！他发明了锯……为此他只好逃出雅典，因为他似乎有一个竞争者，后者也坚称自己发明了锯，代达罗斯在斗殴中将他杀死了。自然，代达罗斯被传唤到了贵族会议上，接受了他们的审判。代达罗斯不太善辩，遭遇了失败。他被判处死刑，但逃走了。他被迫采取了行动！

（引自录音）

我们来到了迷宫内部——"你追求某种目的，或者是逃离自我"——布罗茨基在《水印》中建造的迷宫。"不，一切恰好正是这样，"布罗茨基说，"我什么都没有编造，

---

[1] 代达罗斯，希腊神话中的建筑师、雕刻家。

什么都没有编造。正如切斯拉夫·米沃什[1]在这种场合所说的那样。我问他关于某些诗句的事，他带着这样的口音说：'千真万切。'[2]就是——这绝对真实。"

---

[1] 切斯拉夫·米沃什（1911—2004），美籍波兰诗人、作家。1980年获诺贝尔文学奖。

[2] 原文：Стриктри (strictly) аутентик。

3

未治愈的堤岸

细雨搅着薄雾，劲风裹挟着麦克风。皮包里装着1992年4月的《十月》杂志，上面印有文学报图书馆的编目卡——俄文第一版的《水印》。布罗茨基领我们到这条堤岸去。虽说堤岸早已更名——威尼斯人不愿过多地回忆吞噬他们城市的那场瘟疫[1]，按说早已没有了写着这个名称的街牌——可是这块街牌却还保存在旁边的一条小巷里——Fondamenta Degli Incurrabili（不可救药的堤岸）。

---

[1] 本书一再提及威尼斯的瘟疫。据史载，从14世纪开始瘟疫一再袭击威尼斯，特别是17世纪30年代那场瘟疫，当时威尼斯的14万人口，死于瘟疫的超过三分之一。

我们站在这块牌子下面，钟声从对岸的朱代卡岛勉强传来，淹没在潟湖里。"我住在那条岸上，我认为，这里有四个地方非常好，有搞创作所需要的一切……"布罗茨基说，"那儿是 il Redentore——救主堂[1]。晚上这些地方全都灯火璀璨，很美。这并不单纯是我的猫式杜撰。[2]在这里圣乔治战胜了不知道什么人。'寓言中千锤百炼的长矛'。是的，是的。这是《立陶宛夜曲》……"

莱茵说，在《立陶宛夜曲》中他很爱布罗茨基的一首诗——就是关于上帝耳廓的那首。

布罗茨基：

　　　是的，这是《道明会圣神堂》[3]（*Dominikanaj*）一节中

---

[1]　威尼斯救主堂（全称 Chiesa del Santissimo Redentore）是威尼斯朱代卡岛上巨大的穹顶教堂，主宰了该岛的天际线。

[2]　布罗茨基在《猫的"喵呜"》（*The Cat's Meow*）一文中提到，他并不喜欢"创造力"这一说法："这种厌恶感也蔓延到了这一说法所指的现象。即便我可以压下我的这种厌恶感，我就这一话题说出口的话至多也只是一只猫在试图抓住自己的尾巴。"（《悲伤与理智》，上海译文出版社，2015）The Cat's Meow 是句俚语，有"凤毛麟角""了不起"等含义。

[3]　道明会圣神堂，位于立陶宛首都维尔纽斯道明会街 8 号，后期巴洛克的一座丰碑。

的诗句：

> 上帝的耳廓紧紧塞住，
> 不受白日喧嚣的骚扰，
> 对他悄声说四个字吧：
> ——请饶恕我。

对呀。我想，在那个年代是有什么值得请求饶恕的呢……多么美呀，这钟声。

这一生中我到过几个地方，那里的地名简直可以用作小说中的名字。我记得在塔林的维什哥罗德有一个地方叫作少女塔。这样一来，甚至无须再写些什么了，其中已应有尽有。再譬如，这座桥名字起得非常好：谦虚桥，Ponte modesia。再如，"未治愈的堤岸"，无法治愈的人——你们看水面上运送的那是什么，不正是花圈吗？——这是指那些已经让医生束手无策的人。我喜欢这个名称，但不知为何。[1]

这里有一座安康圣母教堂，它是为了感恩而建造的，

---

[1] 这条堤岸别称"不可救药的堤岸"，是因为这里有一座建于 16 世纪的传染病隔离医院，收容了感染梅毒的绝望病人。《俄罗斯报》副主编尤里·莱普斯基写到，布罗茨基本人并不喜欢这一翻译，而是喜欢更诗意的版本——"未治愈的堤岸"。

或者是为了摆脱瘟疫。这里还曾有几座医院，病人们在这里病愈或者死去。人们对病人无能为力的时候，就把他们送到这里来，等他们在这里死去后，再送往墓地。

我回忆起第一次看到这个地名的情景——那一天，和著名的美国诗人埃兹拉·庞德[1]的未亡人谈完话，我走了出来。她在一定程度上已无可救药，就像他当时那样。我突然看到，我正站在未治愈的堤岸上。这个名称很好，暗示你对某些人已经无可奈何。我们大家也是如此，都曾面临着毫无希望的境况。

也并非只有诗人才这样，世人皆如此，至少到了一定年纪，有一定阅历的人会是这样。他们已经无法改变，人生也无法重来。唯一可能的是——跳进水里，如果他们乐意，如果有谁推他们一把的话。

而威尼斯，在一定程度上，是一座注定要毁灭的城市，甚至可以将它称作"必将毁灭者的滨河城"。我完全没有在其中添加预言的意味。要知道，名称在一定程度上能营造特定的氛围。一般来说，营造氛围比任何死抠字眼的行为更有意义。有的名称带有强烈的节奏感，特别是在俄罗斯文学中，几乎随处可见。比如《乐观的悲剧》。虽

---

[1]　埃兹拉·庞德（1885—1972），美国诗人和文学评论家，意象派诗歌运动的重要代表人物。

然我完全不明白这是什么意思，但它就是铿锵有力。不过，这实际上是一种逆喻、一个矛盾，是一种绝对的胡言乱语。再如，《被开垦的处女地》——这又是什么意思？总之，就是产生了这样一种感觉。这是语言作用于意识的力量。它拥有某种力量，在你尚未意识时就给了你某种提示。这可能就是文学的公式。

当我第一次见到这个地名的时候，我就想，我最好以此为题写点什么。然而写什么，什么时候写，我还没有认真思考。我想这应该是一篇散文，此外并没有考虑更多，也没有纳入关于威尼斯的写作计划。在 1988 年还是 1989年，我记不清楚了，一家地方上的财团——一个旨在避免威尼斯遭受水灾的组织——请我写几页关于威尼斯的小文章，[1]他们想制作一本小册子作为圣诞礼物赠送给组织的成员，也就是那些支持这些活动并捐赠资金的人。他们没有提什么形式、规格、内容上的要求，但文章应该与威尼斯有关，只有两个月的时间。我坐下来开始写，朦朦胧胧的，有点不知道该写些什么。逐渐地我越来越清醒……又或许，正相反。我想起了这个标题。我想，至少先有了这

---

[1]　新威尼斯联盟（Consorzio Venezia Nuova）是一个意大利基金会，旨在执行保护威尼斯及其潟湖的计划和工作。该财团定期订购圣诞节艺术品，形式可以是绘画、雕塑、散文等，用来颂扬威尼斯这座城市。1989 年 11 月，布罗茨基受邀用英语写作了《水印》这部作品。

个名称。总之，这只是一个契机而已。

名称，往往是……嗯，存在不能决定它，意识也不能，可是名称——它就是整件事的一半。

*　　*　　*

来到这里之前，我们认为威尼斯和圣彼得堡有某些相似之处，譬如它们都"是世界上最好的潟湖"，到处都是水、运河、宫殿、滨河街、石头狮子。我们还以为，布罗茨基之所以每年都来威尼斯，是因为它使他想起故乡。不过，身临其境，我们立刻便明白了这两座他心爱的城市之间的差别。但我们在内心深处仍然非常希望，威尼斯能使布罗茨基联想到圣彼得堡。

布罗茨基：

有些东西自古以来便会立刻引起联想。不过，对于我来说，这其中的差别要大于相似。我接下来要对你们说的东西，我不知道是否应该说，但我还是要尝试用某种方法将它表达出来。这是我的发现——对于水，我有一种强烈的兴趣。这种兴趣是抽象的，因为我不太会游泳，也看不到它对我有什么特别的实际应用价值。其实，我还怕水。我溺过几次水，这便是问题所在。可我的兴趣仍然十分强烈，而且与弗洛伊德或其他什么学说毫无关系。我想这应该与某种特别有趣的东西有关。我此刻要说的纯属无稽之谈：仿佛出自某种下意识的感觉——这还是与弗洛伊德无关——较之于其他任何介质，我与水有着更为密切的关联。先从这里说起吧，水使我们更能向前看，而且看得很远。水涌向岸边，又立即归向何处呢？向后，向着天际。就像"海神涅柔斯的升降梯"——正如我曾经在诗歌中写的那样。[1]但在这些背后还可以引出各种最艰深的道理。譬如，地球与太阳系中其他星球不同在哪儿？恰恰在于有水，所以就有生命。然而，引起我注意的首先是水那纯洁的无限性，这在自然界是绝无仅有的。这个纯洁的无限性可以存在于自然景观，比如山脉——但山脉总是有限的，你知道它绵延多少公里，它将终结于何处；而水则无穷无尽。

仿佛出于同一个道理，只不过我有一种感觉，在我生活了三十二年的故乡，水总要受某种方式的限制。海军舰队、边防岗哨的限制，我不知道……

另一方面，所有这些地方的建筑都完全不是本土的，

---

[1]　出自布罗茨基长诗《戈尔布诺夫和戈尔恰科夫》。

是来自另一种理念：有限空间理念。在列宁格勒，我的故乡，完全是另一种尺度。而在这里，正因为所有奇迹都发生在一个小小的空间里，所以他们试图利用好每一厘米。当你们参观这座建筑物的时候，如果您同尽是巴洛克式、哥特式建筑的罗马相比较，罗马建筑物正面雕像之间的距离有十米、二十米。在俄罗斯的多数城市，大体上也一样。但在圣彼得堡，则是更巨大的规模，完全是另一种规格。在正面给您放上一百根圆柱，您还要嫌少。

这里的一切都很像珠宝业。不过我看这些，不是看金银丝盘花或珠宝艺术，而看人能够做什么。在视觉意义上，意大利人是有着巨大天赋的民族。在 15—16 世纪，这个天赋被应用到了建筑学上；在今天，则应用在了工艺美术设计上。我认为，这个天赋仍然与海洋有关，与意大利半岛三面被水冲刷有关。

温暖，水儿充足。

你们问我，为什么我经常说"水儿"呢？这可能是一种在语言上崇尚斯文的态度吧。有时候我们不说"诗"，或者"我是诗人"，我们说"诗篇"，说自己"作诗"，就像罗伯特·弗罗斯特[1]所指出的，毫不谦虚地自诩是好人一

---

[1]　罗伯特·弗罗斯特（1874/1875—1963），20 世纪最受欢迎的美国诗人之一。代表作品有《新罕布什尔》《西去的溪流》《林间空地》和诗剧《理智的假面具》《慈悲的假面具》《未选择的路》等。

样。或者像阿赫玛托娃[1]所说，"我不理解这些大话——'诗人'，'台球'"……

正因为它是一种习以为常的事物，你在谈话中，在言语中有时会把它弱化。除此之外，我这样说还因为我爱它。这在语法上叫作指小表爱。在这种意义上，我有点儿理解圣方济各的处境了。

水儿，是唯一的，你看它时可以心平气和的东西。对于我来说，世界上有两种最主要的视觉秀——就是水和云彩。你可以见到最纷繁激烈的场景，最无休无止的奇遇。更不必谈云朵映衬在水面上了，这能让人眩晕，让人进入绝妙的狂喜状态。

这一水域中的生命，地中海的，亚得里亚海的，要比任何动物群的品种丰富得多……或者植物群，我不知道这具体该如何称呼。藻类在我们这儿属于什么？可能属于动物群。如果认真留意，气味可能有一点不同。但其实人们对它非常熟悉。在冬天，这一感觉格外强烈，突然间——好家伙！藻类腐烂的味道总出现在暖洋洋的天气里。于是，当冬天的这个味道突然向你袭来时，你就感觉到仿佛某种温暖的活动还在大自然的深处延续。此时有可能正在

---

[1]　阿赫玛托娃（1889—1966），原姓戈连科，是苏联20世纪最重要的诗人之一。1946年遭受批判，被作家协会开除，后恢复名誉。主要作品有组诗《安魂曲》《没有主角的叙事诗》等。

下雪。我见过几次雪中的威尼斯，非常美。不过雪很快便融化了。

这里的雾，nebbie，很著名，很美。当你落入薄雾之中时，会产生相当复杂的感觉。你无法挣脱。船夫们都清楚，他们能找到路，在接近交叉路口时各自高声吼叫，提醒人们注意。他们都这样喊："嚯——咿！嚯——咿！"

*   *   *

过了几天以后，布罗茨基突然对我们说："你们要是知道我有多么幸福就好了——带着俄罗斯人游览威尼斯！"他只说了一次，我们请求他对着摄影机再说一遍。然而他不同意。

录音机却把他的话记录了下来："像斯坦尼斯拉夫斯基[1]可能会说的那样，我的最高任务就是，进入一切水域。"这应该从字面意义上去理解，意思就是到所有大江大洋中洗澡。

阿列克谢说："我在七大海和三大洋里游过泳。"

"第三大洋是哪个？"布罗茨基有些羡慕地问。

---

[1] 斯坦尼斯拉夫斯基（1863—1938），苏联导演、演员、教师、戏剧理论家，彼得堡科学院名誉院士，苏联人民艺术家。

"北冰洋。"

"那么，我也在那里洗过澡。"

来到西方以后，威尼斯是第一座他不带任何明显目的访问的城市。自那时起，他总是在秋冬前来，夏天则从未来过。

布罗茨基：

夏天这里格外炎热，而且人多得令人难以置信。就是现在人也够多的。我总是更乐意到人少的地方去，到人迹罕至、寸草不生的地方去。但问题还不仅仅在于此。冬天的生活，特别是在北地中海、北亚得里亚海，才是真正的生活，是吧？这生活不是做样子给人看的，这是真正的生活。

1972年，我在密歇根大学拿到第一份工资，便买了一张机票，飞到了意大利。在米兰转机时几乎误机，但总算抵达了这里。我记得，那次在威尼斯住了十二天，还是十四天。不言而喻，最初七天过得非常悲惨。在这座城市里，我一直想领别人参观一下。不是自己看，而是用手指点着与别人分享。百分之九十来这里的人似乎都是"成双成对"的，是同某个人一起来的。对此我极为羡慕，仿佛又回到了十六岁。在这里我总是孤身一人。大约有七天时间，我在这座城市里游荡，像是一位悲天悯人的人。到了第八天，我醒悟了——记不清了，大概是个礼拜日，钟声当当地响了起来，我甚至在一首诗里写道——嗨，这不重要，丢人。我便开始作诗。我在这个城市里一边溜达，一边推敲诗句。这时候一切都回归原位，我感觉到了某种自由。也就是说，在这里也可以生活下去，对吧？

记得我在这座城市里游荡时正值水灾，"高水位"，就是 acqua alta。水没到膝盖。啊，我对这座城市一无所知！而且，愚蠢的是，我竟没有使用导览手册。虽说利用导览可以获得一些信息，可我不好意思背着照相机到处走，不好意思做一个观光客。甚至还不是因为不好意思做观光客，而是希望能把这些都记住，最好能让这些都保存在眼中心中，而不是胶片上。在一个可怕的傍晚，天气寒冷，下着雨。我在齐膝深的水中走啊走啊，猛然间看到了一座雕像。我知道这个人。他给了我多少快乐和幸福，让我摆脱了最最难堪的处境。我站在一座教堂前面，他就是在这里受洗的。"安东尼奥·维瓦尔第[1]，又被叫作'红发神父'，1678 年 3 月 4 日出生于这个教区，在这座教堂接受洗礼。"

---

[1]　维瓦尔第（1678—1741），意大利作曲家、小提琴家、指挥家。

关于这件事还能说些什么呢？他是早产儿，在第七个月时出生。父母似乎有些担心，或是遇到了一些麻烦，所以当天就让他在这里接受了洗礼。这座教堂叫作圣约安教堂，在博拉戈尔，当时属于威尼斯的郊区。拐角处，也就是隔两步远的地方，有一座天主教小教堂——我忘记了它的名字。那里面有人教教堂收养的孤女们音乐，他就领导这个女声合唱团。这是威尼斯比较好的女声合唱团之一。他为她们作曲。

听维瓦尔第在这座城市里，在当地某座教堂里写成的歌曲，并没有产生什么特别美好的感觉。

……人生中有那么多未能做完、未能写完、未能看完的东西，以至于你来到此地，最想先坐下来工作……所以，当我来到这里以后，无论在哪儿，至少最初两三个星期，一定要坐下来干点什么。这很好，毕竟这是你要生活的地方，不是临时随便待待的地方。也就是说，你不是将它特殊化，而是要拿这里作背景。渐渐地……你就这样逐渐习惯。我记得，我第一次乘飞机到罗马，到美国学院。我下了飞机，来到学院，把自己的打字机放好……我找好一个绝佳的位置——否则我必将一直乱跑，四处张望。我放好打字机，便开始答复信件。看，你坐在这里，机能已经开始恢复，说明这是个好地方，你可以去走走看，你意识当中没有歇斯底里。也许这很明智，我不知道……

（摘自录音）

我第一次来威尼斯时没带打字机。之前我一般是用手写，不过很快就想改用打字机，因为我的字丑得吓人，而且一年比一年更差。我写东西一会儿用英语一会儿用俄语，所以来这里必须带两个打字机。谢天谢地，我有一个朋友会准时来车站或机场接我……

当时我住在"学院"膳宿公寓，远比现在便宜。二十年前什么都便宜，是吧？那时到这里来的人还很少。冬天的威尼斯不是观光胜地，因为寒冷，下雨，刮风，惹人讨厌。唉，到处是水。可是我偏偏非常喜欢这个，因为，对此我已经习惯了。

你们知道一切是如何开始的吗？那时候国家文艺出版社与我约好，让我翻译意大利诗人乌姆波特·萨巴[1]的作品。从他的诗集《自传》中我翻译了十到十五首诗，也许没这么多。其中有关于北亚得里亚海的诗——他出生于的里雅斯特，离这里非常近。他有这样一行诗："在狂暴

---

[1] 乌姆波特·萨巴（1883—1957），意大利诗人，隐逸派的代表。

的亚得里亚海深处……"这时我来到了这里，来到了亚得里亚海深处，因为冬天的威尼斯是相当严酷的——正值冬天，尤其是当你到了岛上，或者在城郊漫步。已经谈不上什么太阳啊，咖啡馆啊，通心粉啊，禽鸟啊，什么遍地的老鹤草啊。总之，天气异常寒冷，把你的双手冻僵，人们都藏了起来。如果他们要修理什么，这完全不是 pictures（图景），不是什么场面了。而是无可奈何。对此我极其喜欢。

其实，人看什么他就是什么。

我就是想成为这种人。

大约五年后发生了一个重要事件。我记得是在 1978 年，我受邀来威尼斯参加某个两年一次的电影节。[1] 在各种活动之外，还请我朗诵诗歌，于是我就读了几首。或许有些多愁善感——我突然明白了，我在向这座城市偿还宿债，偿还过去它所赠予我的一切。

---

[1] 指威尼斯双年展。电影节是双年展的一部分。

4

天主教小教堂．开始

布罗茨基：

谁有香烟吗？啊哈。不是萨列姆牌的就行，不是吧？合格的吧？好，开始吧。

1977年我受邀来到威尼斯，参加电影节的活动。简略地说，主题是异端思想。不只是在东欧，在苏联——到处都如此。来的人相当多，其中有许多是来自东欧的代表，苏联人立刻与他们吵了起来。就在这里，在第三排，坐着如今已经去世的亚历山大·加利奇[1]。我记得，一

---

[1]　亚历山大·加利奇（1918—1977），苏联剧作家、诗人。1971年被开除出作协。1974年离开苏联。

个月或一个半月后，他便去世了。我在这座大厅里朗诵诗歌。在一个大厅里，在一些听众面前朗诵诗歌，本来这其中没有任何特别的地方，但对于我来说还有一些附加的意义。你们可能已经发现，事情在于威尼斯是一座绝妙的城市。你在威尼斯漫步，每过五分钟——还要再快些！每过一分钟！——你就会得到一个非常鲜明的，至少在视觉意义上的美好世界。于是在你的意识之中，或者在整个机体之中，在生命之中，产生一种强烈的愿望，要以某种方式对此进行回报。这一切都是这个城市无偿给予你的，虽然你支付了住宿的旅店费。可是在这里你一直在收获极其丰厚的体验，这绝对是无偿的。于是，对此你很想回报一番，以示感谢。这种愿望在很久以前便出现了，从 1972年我来到这里的第一天开始。不记得是在 1972 年，还是1973 年，我写了几首诗，其中有一首叫作《潟湖》。我在大厅里朗诵时，读过五六首，然后开始朗诵这首《潟湖》。并不是因为这首诗好——虽然也不算坏——而是因为它在某种程度上与这座城市有关。此外，还因为这首诗中说了些有道理的话。我突然有一种感觉，我似乎站在了某个力场的中心。似乎此刻我确实在偿还我从这座城市得到的东西。把我从它这里得到的还给它。这是一种主观感受，而通常它什么也不能说明。但如果要问我，对于我来说，这座大厅与什么有关，那么它就是与这种感受有关。如今是我第二次站在这里……距上一次已经过去了十六年。

　　这里有非常出色的绘画。一般说来，这很常见——帕尔马[1]，在拱顶上画《末日审判》的安东尼奥·赞基[2]，我不记得还有谁了。那天大厅里人很多，挤得满满的，过道上都坐着人。就像画满人像的穹顶，甚至比那更密集些。可以说，存在主义与具象主义的两种绘画在这里相遇了。这其中也有一致性，因为大厅里的人似乎回到穹顶上，抑或穹顶上的人要回归到大厅的人群中去。你会感觉到与艺术以及创造艺术的东西产生了联系，在这里你成了文明的一部分。此刻你产生了实际的生理感受，它的确在冲击着你。我读这首诗的时候，差一点放声大哭。有时候会出现这种感情冲动的时刻。异常冲动，无论用文字还是什么，都无法描摹。那一刻，要把那首诗读完都变得非常困难。不过，我还是设法把它读完了。这一切都不重要，一切都不重要。那是在 1977 年，当时这里的许多人如今都已不在了。而我还活着，还坐在这里。

　　就这件事我还能说些什么呢？还是让我再读一遍这首小诗吧。这是一首不错的诗，有几行已经收入 Fondamento（基金会）的这本书——《水印》。写这本书的时候，我

1　帕尔马（1480—1528），意大利画家。
2　安东尼奥·赞基（1631—1722），巴洛克画家。

多少次陷入困境，不知道接下来该如何下笔。于是我便翻出写威尼斯的这三四首诗，反复"盗用"。还有一部威尼斯组诗，叫作《威尼斯诗篇》。一首献给了根纳季·什玛科夫，另一首献给苏珊·桑塔格。我在两三处"盗用"了自己的几行诗作……

*　　*　　*

第三天，也是最紧张的一天。这一天从开始就不那么寻常，因为地点不在圣马可广场。布罗茨基亲自挑选了这个小教堂，并请有关人士将其打开，让我们摄像。后来在剪辑的时候，我们也就称呼它为"小教堂"。在那里的谈话很重要，以至于过了很久我们对这个场所本身也并没有产生兴趣。当时圣方汀学院（Ateneo Veneto）在威尼斯非常有名，可以说是个传奇的地方。1812 年拿破仑建立的推进文学艺术科学协会就在这里，在两个世纪间，它是讨论文化、科学、医学、政治、法学等重要问题的场所。介绍威尼斯的书籍中记载，正是在这座独立的，用白色伊斯特拉岩石建造于 17 世纪的房屋中，诞生了"威尼斯自由思想的源泉"。再早些时候，这里有两个修士会——圣杰罗姆兄弟会与圣母马利亚慈善正义会，从事慈善和医疗活动。有时候它们也被称作"善终兄弟会"，因为这里的修士也为死囚作临终祷告，送他们上刑场。

在曾经的教堂里，布罗茨基坐在蒙着紫红色台布的桌子旁边。如今，这个教堂早已变成会议厅。我们都很激动。他似乎也很激动。事过近二十年之后，他又一次在这个大厅里朗诵："三位老妇人坐在深椅中编织，/ 在大厅里谈论教亲所受的苦，/ '学院'公寓迎来圣诞之际，/ 整个宇宙都在轰鸣中漂浮……"

此前我们曾多次请布罗茨基朗诵，但他总是推脱，说既不是恰当的时间也不是恰当的场合。原来，恰当的时间与场合统统都在这里，在这个充满绘画与回忆的空间，在这座曾经的教堂。

"我能再读一首吗？它在这里显得很应景。"

我们问他，在大厅里听到的是什么音乐，他回答时仿佛是在说给自己听："凯鲁比尼[1]。还有佩戈莱西[2]，他当时就住在拐角那边……"

---

[1]　凯鲁比尼（1760—1842），意大利作曲家，在法国工作。
[2]　佩戈莱西（1710—1736），意大利作曲家，那不勒斯歌剧乐派的代表。

布罗茨基：

这幅画作使人产生的感受与其说是天主教的，毋宁说是新教的。这幅画有些黯淡，还带点戏剧性。总之，你听到的是巴赫的《受难曲》。还有一件事，听来或许并不那么有趣。很久以前我曾经想过，尽管巴赫为教堂创作了这些《受难曲》，可这音乐并不是天主教的，充其量只是按照《旧约》的调子谱成的。在音乐中可以听到"我们"这个词。在当时，莫扎特的作品确实是基督教音乐，从中您可以听到带有抒情色彩的"我"。这很有趣。可是，在所有这些忧郁的音调中我听到的是——"我们"……

那时候我同加利奇稍有接触。我对他像对待其他人一样好。在莫斯科我们就认识。确切地说，是在佩列杰尔基诺一带。可是，对他作品的那个体裁，我的意见总有保留。

如果单纯从文字水平来讲，从诗学水平来讲，比较有意思的诗人是维索茨基。他和已故的瓦洛佳，两个人[1]都不在了。（面对莱茵）任卡，你坐在那儿，我坐在这儿。你记得《灰烬与钻石》吗？还记得咖啡馆里的那个舞台

---

[1] 这里指弗拉基米尔·谢苗诺维奇·维索茨基（1938—1980）和谢尔盖·亚历山德罗维奇·维索茨基（1931—?）。前者为苏联诗人，歌词作者，弹唱诗人；后者为小说家。弗拉基米尔，小名是瓦洛佳。

吗？他们也曾在那儿举着斟满烈酒的杯子互相碰杯……大概就是这样。你记得维索茨基吧？来，碰杯！

＊　　＊　　＊

我们讨论了《灰烬与钻石》——伟大的瓦伊达[1]的电影，话题转向了1945年的春天——战争胜利前的最后几天，当时，波兰从德国人手中解放出来，成了"苏联领土"。随着对话推进，我们谈到了第二次世界大战开始之前——1939年9月。

布罗茨基：

我现在要讲一些会让你感觉非常有趣的东西。20世纪，当我们的军队第一次进入波兰，是在德国人撤走两周之后。确切地说，在1939年9月17日。战争开始之后……你知道第二次世界大战的起因是什么吗？是因为英国要保护波兰的独立。当英国进入战争状态以后——德国人以自己在格利亚伊维茨[2]的挑衅为借口，进入了波兰领

---

[1]　瓦伊达（1926—2016），波兰戏剧与电影导演。
[2]　今称格利维采（Гляйвиц）。

土。但实际上，进入波兰领土的不仅仅是德国人，还有苏联部队。斯蒂芬·斯彭德对我说过，战争开始的时候他在伦敦——他是优秀的英国诗人，是更优秀的诗人奥登[1]的朋友——当闪电战袭击伦敦的时候，斯彭德正在屋顶上值守，那里到处都是炸弹。他说："我们一直在等待的不只是德国飞机，还有俄国飞机。"于是，1939年9月17日，苏联军队进入了波兰。你知道吗，最后一位苏联士兵是何时离开波兰的？1993年9月17日！

我还想说一件事。它与刚刚的话题没有任何联系，可是我还是要说。你记得佐西卡[2]吗？前不久我去了卡托维茨，在那儿看见了她。她在那儿教书。后来我又去了华沙。她请我写信给她，我便写了一封相当长的信，谈我在华沙发生的事，因为她不能到那儿去。在这封信里，我认为有一个很好的表述。请原谅，因为我要引用自己写给某人的信。信中有一个相当准确的表达，大致引出了这样的

---

[1]　奥登（1907—1973），20世纪上半叶最有影响的英国诗人之一。代表作品有《海与镜》《石灰石赞》《阿喀琉斯的盾牌》《向克里奥致敬》《无墙的城市》等。

[2]　在20世纪60年代初的列宁格勒，如果没有波兰的朋友和熟人，布罗茨基与波兰文化的不断接触是不可能的。他与波兰的"第一联络人"是雷沙德·卡普钦斯基的女儿——当时就读于列宁格勒大学的波兰学生佐菲雅·卡普钦斯卡（Zofia Kapuschinska）。他们经常沿着铸造厂桥和博利绍伊大街漫步，阅读诗歌并相互展示手稿。佐菲雅离开波兰后，他们仍保持长时间的通信。

结论："战争结束了。"看样子，我们取得了胜利。可我在战败者中间并不觉得自己是战胜者。无论是作为战败者还是战胜者，我都不喜欢。总之，我感觉自己多少有点像"森林弟兄"[1]，是古希腊罗马文化与荒诞文化的大杂烩。这就是我所谓的猫式仁慈。[2]

在所有这些事物当中，在所有这些与诺贝尔奖有关的活动之中——不是诺贝尔奖本身，而是由此发生在俄罗斯乃至全世界的事——你能感觉到有一种极为强烈的孤独感。这就是战争的终结。战争结束了……现在让我来读一下《哀歌》吧。不知为何，我喜欢这个地方。

> 这里如今正在买卖你残存的踝骨，货币是
> 晒黑的铠甲上的青铜，僵死的微笑，关于
> 新鲜储备的思想与背叛的记忆，
> 在褪色的旗子上的众多身体的印迹……

*　　*　　*

---

[1]　1905年12月至1906年12月，在拉脱维亚社会民主党领导下进行活动的拉脱维亚游击队员。他们依靠农民，焚烧地主的庄园，与武装警察部队斗争。后解散。

[2]　原文为кошачья милость。俄语中有类似的表述：сдаться на милость победителя（只望战胜者开恩了）。

"你还记得佐西卡吗？"布罗茨基问莱茵。我们不记得，而且根本不知道这说的是谁。十年即将过去，他们共同的彼得堡[1]青春时代的"佐西卡"，即佐菲雅·拉塔伊恰克－卡普钦斯卡教授，西里西亚大学心理学学院院长，应我们的邀请从卡托维茨来到克拉科夫。她答应我们在克拉科夫大学的教室里见面，1991年第一次访问波兰的布罗茨基与另一位诺贝尔奖获得者——伟大的波兰人切斯拉夫·米沃什——在那里朗诵过诗。后来布罗茨基又一次，也是最后一次来到波兰，从1993年6月21日至23日，就在我们拍摄纪录片前的几个月，在卡托维茨停留。那时候他们最后一次同佐西卡见了面。

她与布罗茨基于20世纪60年代初在列宁格勒相识，那时她在大学心理系学习。当时流行在公寓里办小型音乐会，有许多诗人出席，而他比谁都年轻，因此总有许多传闻尾随着他——她这样对我们说。"他长着一头红褐色头发，我没料到，随着时间的流逝，他的这种发色会逐渐褪掉。基因决定了他应当是一个什么样的人。"他将几首诗献给她，其中有一首长诗《佐菲雅》。她返回华沙以后，

---

[1]　这座城市数次更名：1914年之前称圣彼得堡；1914—1924年称彼得格勒；1924—1991年称列宁格勒；1991年后恢复圣彼得堡的旧称。在日常生活中人们亲昵地将它称为Питер，这一昵称只好译作"彼得堡"。

他给她写信，她说："也许，见字如面。"1961 年 12 月她收到第一封信（"他的里拉琴总是在圣诞节时响起"），最后一封信则写于 1993 年夏。

她还说，他非常珍视波兰诗歌中浸透着的"自由精神"。"波兰诗人们应当'从棺材里面'感谢他。通过翻译他们的诗歌，他吸收了异国的诗学。"

在小教堂里，当我们请他从中朗诵点什么的时候，他拒绝道："不，我什么也没记住。"但他还是读了诺尔维德[1]一首诗的原文，就是在瓦伊达的电影中引用的那首《灰烬与钻石》，接着又读了自己的翻译：

> 在一堆灰烬下面，是坚硬的钻石，闪光的星，
> 是永恒胜利的可靠保证！……

---

[1] 诺尔维德（1821—1883），波兰作家、美术家、雕塑家。

5

巴拉丁斯基在未治愈的堤岸上

布罗茨基：

我认为，巴拉丁斯基[1]比普希金更严谨些。到了这样的高度上，自然是不分高下的。问题在于，任何时代，在文化上都重复着一件相当可笑的事——总要选出一位代表整个时代的伟大诗人。这个现象的产生出自各种考虑，但首先是因为，如果真的去读所有诗人的作品，那么就要出现一种情况——而诗歌恰好就是为此而存在，即陷于对诗

---

[1] 巴拉丁斯基（1800—1844），俄国著名诗人，他与普希金过从甚密。其诗作凄楚哀婉，心理描写深刻，富于哲理。

歌的依赖，这种依赖既体现在行为上，也体现在思维上。正如世上存在着一种以教育体系为形态的社会自卫模式。它要选出一个"最"或"比较"……于是，诞生了一代杰出人物，他们与普希金一同出现——维亚泽姆斯基[1]甚至比普希金出生得还早，但这并不重要。这种现象的背后原因是什么呢？这是大自然的预谋，它关心一个民族的精神状况，给予它一切，给予它各种方案。可他们只挑选一个！

这背后一般存在着相当有趣的东西。严肃地说，我认为世上万物都是可以被划分的……这差不多是在讲课了。好吧，我说得有些兴奋了，现在我要吸口烟，然后再说下去。世界上的所有谜团、存在、人的行为等，在一定程度上，都可以用一个简单的方法来归类——把一切都归为已知的四种气质类型，也就是忧郁症患者、活泼好动者、脾气暴躁者和性情沉静者。你们看看这些杰出人物，他们总可以分成这样四类。在罗马帝国，在恺撒和奥古斯都时期这样分，在 19 世纪的第一个二十五年这样分，在 20 世纪前半叶也这样分。人们如何看待这个呢？对于一个人，一个正常的俄国人来说，这总比他对自己这样说要好——"我，或者普希金……"或者"我和巴拉丁斯基差不多"，

1　维亚泽姆斯基（1792—1878），公爵，俄国诗人，文学评论家，圣彼得堡科学院院士。

再或者"我就是维亚泽姆斯基"。这样就很好。比大家都是普希金要好些。因为普希金并不能救助所有人。

＊　　＊　　＊

令人惊讶，但就像是关于巴拉丁斯基的"讲座"一样……先从 60 年代列宁格勒的俚语开始讲起。

我们沿着不可救药的堤岸走了很久，一边走一边摄像。细雨加上微风，十分碍事，布罗茨基建议到咖啡馆避避雨。他和莱茵在桌子旁边坐下来，他突然说道：

"在列宁格勒有许多芬兰词语。例如，在莫斯科说靴子是'шузня'，在列宁格勒则说'кенеки'。而在敖德萨则有另一种说法，我不记得了。例如，'теновый таек'。你知道这是什么吗？ 10 美元一条的领带……芬兰人则是'турмалаи'。而这一切加在一起则称作'фирма'（外国货）。宫廷广场上，来自芬兰的公交车在这里来来往往，当时我就建议将宫廷广场改称为'外国人广场'。但不知为什么，这没能传开。"

莱茵回忆说，他们在彼得堡的青春时代还有一些可笑的称呼：美国人是 штатники（词根为 state——译者注），德国人是 бундес（bondes——译者注），而布罗茨基更是搞了许多戏改，例如把"谢列梅捷沃"改为"舍拉米季耶沃"。当他到了国外，在另一个语言环境里，他也戏改词语吗？"英语不太适合说俏皮话，"布罗茨基答道，"用英语说俏皮话被认为是低智商的象征，或者是缺乏教养。我不懂这是为什么。当你使用双关语时，英国人便也斜着眼看你。我必须说俏皮话，否则便无法忍受。所以我的声誉常悬于一线。但这还不那么可怕。你看，比如我刚才去了伊斯基亚岛，那里有许多德国人。而且这个意大利的岛被纳入了德国的医疗保健体系。那里有一些温泉浴场。大概岛上百分之十八的人是德国人。他们在咖啡馆里全都点卡布奇诺。我开了一个玩笑，说他们喝的不是卡布奇诺，而是卡普特伊诺[1]。我还说了一个老笑话，当德国人在意大利时，这不是 дольче вита[2]，而是 дойче вита，Ла дойче вита[3]。"

顺便提一下，在意大利，我们从他那儿听到："意大利的家庭里有：妈妈，爸爸和格拉帕[4]。"这是我们非常喜欢开的玩笑。

他们又谈起了阿赫玛托娃。她也认为双关语是低级

---

[1]　该词的前三个字"卡普特"在俗语中是"完蛋"的意思。

[2]　俄文注音的意大利语：甜蜜的生活。

[3]　俄文注音的意大利语：德国的生活。

[4]　格拉帕为意大利烈性葡萄酒，发音上近似"爸爸"。

的，可她喜欢说。譬如，她说"精神错乱越来越厉害"这个说法就是她想出来的。[1]她还经常重复："现在，现在，总离不开现金在。"

"她经常爱说的一句话是：'马上，马上，箭在弦上（Сейчас-сейчас, не отходя откассы）。'"布罗茨基说，"妙极啦！颇具幽默感……她喜欢俗语。"

于是，话题从彼得堡的芬兰倒客的词语和阿赫玛托娃的俗语，转向了巴拉丁斯基的《芬兰》。布罗茨基说，这是巴拉丁斯基诗歌中最有才气的一首：

> 您把歌手带进了自己的峡谷
>
> 芬兰的岩石，千万年的岩石……

二十岁的巴拉丁斯基，19世纪的同龄人，[2]于1820年被提升为士官，从禁卫军调到了驻守在芬兰的萨翁林纳（Nyslott）步兵团[3]。那时候他便写了这首使他享誉圣彼得堡

---

[1] "霜渐浓"（Мороз крепчал）一词出自契诃夫的小说《姚内奇》，后来这个短语已经成为文学平庸和庸俗的象征。20世纪40年代后期，由此衍生出另一句著名的话——"精神错乱越来越厉害"（Маразм крепчал），常出现在20世纪60年代的苏联报刊上。

[2] 巴拉丁斯基生于1800年。

[3] 萨翁林纳第87步兵团（87-й пехотный Нейшлотский полк）是俄罗斯帝国的步兵军队。1820—1826年，由俄罗斯著名诗人巴拉丁斯基出任军官。

的诗。

布罗茨基：

　　这位先生文采斐然。然而，巴拉丁斯基最伟大的诗歌却是《致意大利叔叔》。他的作品中罕有揭露人性的内容。在普希金《上尉的女儿》中有个叔叔，巴拉丁斯基也有个叔叔，是个意大利人，叫作贾钦托·博尔盖塞（Giacinto Borghese），一个听上去平平无奇的名字。拿破仑入侵意大利的时候，他开始逃难。当时许多意大利人侨居在俄罗斯。一开始他在考虑如何出售意大利画。

> 绞尽脑汁，挑选神秘的画作，
> 你一个人到处走走看看！
> 请原谅我们的正常意图，我们的民族，
> 那里的兄弟从不投机坑人。
> 无人问津。你叹了口气，就放弃。
> 北方不毛之地吸引你的理想；
> 你的内心灵光一现，一切都能面对，
> 你的意大利智慧，与我们的心灵十分贴近！

后来他暂住在一位将军家，做家庭教师兼"叔叔"，即男仆。这位将军就是巴拉丁斯基的父亲。这是一首长诗，可它也要收尾呀！……在这里巴拉丁斯基讲述，这位男仆如何带领他在莫斯科游荡。"那时候我认识了所有在莫斯科卖通心粉的商人。"……那里确实有许多比萨，比萨饼店。

> 那时我认识了市里的所有通心粉老板，
> 我老师的刚认识半天的朋友，——

谈意大利，也谈及自己的意大利"叔叔"，说他还见过苏沃洛夫的士兵。他们——

> 在胜利飞扬的灰尘中，在络腮胡子的威严中，
> 排成整齐的队列，进入你经典的城。

怎么样？卓越的长诗。它的结尾写到，贾钦托·博尔盖塞正在死去。这首诗写的是贾钦托·博尔盖塞之死。这也是诗人巴拉丁斯基的最后一首诗。

> 啊，睡吧！在我们冰的国度里甜美无魇地睡吧！
> 用自己的方法安慰一下你地下的梦神，
> 我们狂暴呼啸的北方风神阿克维隆，

毫不逊色于南方的，裹挟着遗忘与安宁，
带着芬芳与慰藉的旋风！

　　不，他哪里是在写拜伦呀！哪里是在写拿破仑呀！这些诗句之所以非常有趣，因为在19世纪下半叶出现了相当有趣的东西——不管怎样，在它的前半期出现了地理学、地形测量学。现实还在持续，在某种约定的诗意的条件中被认识。巴拉丁斯基是把地理学引入现实生活的第一人，他直接利用了它。他描绘了现实的世界。问题在于，所有那些关于俄罗斯浪漫主义传统的议论，统统都是梦呓。没有人是浪漫主义者！如果说有一个人治愈了俄国诗歌的浪漫主义，那就是果戈理。果戈理之后就不可能有人再成为浪漫主义者了。不可能。即便莱蒙托夫也不成。但这并不重要。我想在他们之中，巴拉丁斯基是一位最冷静最清醒的先生。他的诗歌让人拍案叫绝！其中有大量的，怎么说好呢……诗意的预言成分。他是一切的先驱。一切的先驱。或者超现实主义，你怎么称呼它都行。在他的诗歌中有关于死的卓越议论，就像在谈论世上万事万物的操控者。

　　你给各种植物划定疆界，
　　不让森林以强大致命的阴影

遮蔽我们的大地……

先读到这儿吧。"不让野草疯长到天那么高。"内涵之丰富令人叫绝。下面这句是关于死亡。

源自各种强悍力量的平衡
诞生了繁花似锦的尘世，
万能的神将世界的安稳，
委托给您来守护维持。

你知道他最优秀的诗歌是哪些吗？这些也是俄国最优秀的诗。《致意大利叔叔》排在第二位，第一位则是《荒芜》。在这首诗中，巴拉丁斯基回忆自己和父亲最后一次拜访他们祖传的玛拉庄园。时隔多年之后他来到这里，发现他在此度过童年的庄园已经坍塌。他突然说道——请听这个——我们此刻正在做的一切，与之相比全都是无用功。惊人的句法——关键是标点符号！

怎么样？让过去的一切都成为飞逝的梦吧！
你还是那么美好，这个沉寂的福地，
对于我这颗饱受折磨的心，

你，厄吕西翁[1]，充满了强大的魅力。

那人——他此刻要说的是父亲！——

那人不是空洞的思想，他不是冷酷的心，

谁那么渴望无名的温存，——

　　　　天性使然，是吧？——

他们任性的奔跑指出了路径，

谁在谛听这神秘的喧嚣，

那些呼啸的槭树和橡树，内心满怀着

对它——也就是喧嚣——同情的思绪。

周围我早已听不到他的讯息，

遥远的坟墓接受了他的尸体，

记忆未能为我保住他的形象，

但他依然活在这里……

请听，他在说什么：

可这里依旧生活着他朴实的灵魂；

在这里，理想与自然的朋友，

我完全能认出他：

---

[1]　厄吕西翁，希腊神话中的福地，或极乐世界。虔诚信徒们死后的世界。

他——父亲！——是我内心澎湃的灵感，

他吩咐我，为水、森林与谷地增添光荣；

他令人信服地预言，在那个国家，

我将继承无尽的春天，

在那里我将看不见破坏的痕迹，

在永不凋谢的密林里，

在奔腾不息的溪流旁边，

我将迎接神圣的踪影。

　　他在写他的父亲，是吧？这是一首离奇的诗。一个人在 19 世纪使用"可这里依旧生活着他朴实的灵魂"这样的表达……是浪漫主义吗？"他令人信服地预言，在那个国家，我将继承"……永恒的生命——"无尽的春天"。

6

群岛．芬兰湾中的圣米凯莱

圣米凯莱岛，威尼斯最主要的墓地，是奉拿破仑之命修建的。拿破仑下令禁止在城市里安葬，可是威尼斯人早已不在那里安葬了——除非是豪门巨富。如今圣米凯莱岛的墓地已经被彻底填满。于是，威尼斯人现在也不在这里安葬了，而是葬在大陆上，或其他岛上。这就看每个人的命运如何了。重要的是，现在圣米凯莱可以看作一个博物馆，而并非……虽说某些老牌威尼斯家族在那里有墓室。如果您是十二代威尼斯人的后裔的话，最终可以进入那里。甚至我都说不清，该有多少代才行。这样的显赫家族在威尼斯有五十来个，它们各自都有十至十二个支系……

这里岛屿众多。这些岛遍布于潮间带。岛上分布着各式各样的东西。例如，圣拉扎罗岛完全被亚美尼亚人的修道院占用了。19 世纪，他们跟随自己的牧首迁到这里，建造了这个修道院。修道院里有很多书。当年拜伦生活在威尼斯的时候，对这些书极为感兴趣，还曾试图学习亚美尼亚语，为的就是翻译一些东西。但我没记住，他想翻译的是哪些书。在这座修道院里，甚至还有一个拜伦的房间……在布拉诺岛上有一座柱厅，是最早的柱厅之一，也是威尼斯最早的居民点之一。有人认为，威尼斯这片潟湖，在公元 5 世纪前后就开始有罗马人居住。现在查明，这有点过早了。我在纽约的家里有一块大理石，经摄谱仪测定是公元前二三世纪的东西。

在一座岛上有几座精神病疗养院。还有一个地方专门收养无主的流浪犬——这座岛在利多岛旁边，你们从旁经过的时候，就会听到流浪犬的吠声。而监狱不在岛上，监狱在市里……威尼斯最著名的皮翁比监狱——你们看到的总督宫旁边的叹息桥，它就位于新监狱与老监狱之间。在老监狱里曾监禁过卡桑诺瓦[1]。他爬上屋顶，从这所"铅牢"里逃了出来。当我第一次在一张明信片上见到叹息桥时，它立刻让我联想到从外部监狱到内部监狱的过渡，想

---

[1]　卡桑诺瓦（1725—1798），意大利作家。

到铸造厂街上的监狱，想到内务部的"大监狱"。

（摘自录音）

*　　*　　*

　　布罗茨基领我们到威尼斯兵工厂后面去的时候，他第一次谈起了圣米凯莱岛（"如果走到那里，你们立刻就会看到整座岛的远景"）。我们站在兵工厂的红色砖墙外，布罗茨基用伞柄敲了敲墙砖。然后，他又用这抱伞充当教鞭，仿佛要用它勾勒出无边无际的潟湖。

布罗茨基：

　　我想让你们拍摄未治愈的堤岸。它就在那一面。从这里已经能看见它了。这其实就相当于芬兰湾，是吧？圣米凯莱位于"芬兰湾"的那一侧。这是最——怎么说呢……也许这是威尼斯最好的景色。在这些岛的后面，是亚得里亚海。在亚得里亚海的后面，是地中海。于是，整个舰队就能到达这里。看到那些阶梯了吧？舰队就从它们下面通过。从前这里是开放的，但现在封上了……那里就是圣米凯莱岛，是"死人的岛"。斯特拉文斯基和佳吉列夫长

眠于此。他们的坟墓就在那里。那里还安息着许多俄国贵
族，其中就有普希金的亲人。除去这些，圣米凯莱在 19
世纪末欧洲彩色写生艺术方面发挥着相当重要的作用——
阿诺尔德·勃克林[1]，这位瑞士象征主义画家画了一幅《死
之岛》。我认为，这是那个时代最优秀的绘画作品之一。
拉赫玛尼诺夫在德累斯顿看到它的黑白复制品之后，创作
了交响诗《死之岛》。

* * *

后来我们曾多次邀请布罗茨基同我们一起去圣米凯莱
岛，他虽不直言拒绝，却总把话题引开，还说起了俏皮
话："运河流向哪儿，斯特拉文斯基便去向哪儿。"[2]

我们最终也未能去成圣米凯莱岛。

---

[1]　勃克林（1827—1901），瑞士画家。
[2]　原文：Туда уходит сей канал, куда Стравинский поканал.

7

海洋博物馆．乡愁

　　布罗茨基在威尼斯的兵工厂旁边说:"这儿实际上就是克里姆林宫城墙,对吧?"确实,这种带 M 形雉堞的红砖墙很容易让我们联想到莫斯科。在伊凡三世时期,为了方便,人们把从威尼斯雇来的意大利建筑师称作"弗里亚津"。[1] 是他们建造了莫斯科的克里姆林宫。后来,为了建造圣母升天大教堂,又把意大利建筑师亚里士多德·菲奥拉万蒂(Aristotele Fioravanti)请到俄国去了,在此之前,他参与了米兰的斯福尔扎城堡的设计。回忆起这些,布罗

---

[1] Фрязин(或 фряг),"франк"(法兰克人)的变体。对南欧侨民的旧称,通常指来自意大利的侨民。

茨基指出："斯福尔扎城堡里有非常美好的米开朗基罗的雕塑——他最后的作品《哀悼基督》，后来他在那儿滑了一跤……便死了。"接着又给我们讲兵工厂，这是他最喜爱的地方之一。

布罗茨基：

威尼斯与东方的联系比意大利其他任何地方都更多。比如商贸往来，等等。它也曾是个帝国吧？威尼斯共和国。地域辽阔，占据半个地中海。在 17 世纪末，它与拜占庭帝国的关系很好——在它们因为闹纠纷而陷入一片混乱以前。不过，后来衰落得很厉害，需要一位奥地利的唐·胡安[1]式的人物来恢复秩序。然而威权早已丧失，一切繁荣都不复存在……

这就是威尼斯的兵工厂——威尼斯主要的造船厂，出现于威尼斯的全盛时期。这一切都建立在贸易发展的基础之上。贸易需要保护，所以威尼斯共和国的全部武装力量都集中在这里了。这是港湾，整个威尼斯舰队曾停泊在这

---

[1] 奥地利的唐·胡安（1547—1578），西班牙统帅，政治活动家。查理五世皇帝的庶子，西班牙国王腓力二世的兄弟。作为海军总司令，他指挥西班牙－威尼斯舰队于 1577 年粉碎了土耳其舰队。

里。这里保存武器，这里保存球形炮弹，这里保存火药。巨大的船坞里还保存着曾在此地建造与维修过的轮船。至今近岸卫队的各种汽艇仍存放在这里。

近来人们做过一些尝试，要把这个地方改造成博物馆。古根海姆基金会[1]计划将所有的现代铁器与装置都陈列出来，用俄语这该叫作什么呢？不过，谢天谢地，这事没有办成，兵工厂保存下来了。不过，终究是些空荡荡的房舍，还有一些船台，以及其他什么东西。船坞都不很大。壮观的大炮矗立着，像个独角兽。

* * *

布罗茨基指出，但丁在《神曲·地狱篇》第二十一首里描写过威尼斯造船厂，由此得知，但丁到过威尼斯，了解它。所以，在兵工厂的立面上镌刻着三节诗，引自《神曲》里的三行连环韵诗句。他用俄语为我们朗读出来：

> 就这样，在威尼斯的兵工厂
> 冬季沸腾着黏滞的焦油，

---

[1] 全称为丹尼尔与佛罗伦斯·古根海姆基金会，是由美国企业家古根海姆家族创办的慈善机构。

要用它来涂抹陈旧的木船。

大家都从事着冬季的活计：
有人做船桨，有人填塞
船骨架漏水的缝隙；

有人修补船头，有的人搓拧缆索，
有人忙着操劳，制作新刨子；
有人铆接船尾，有的人把船帆制作……

在 17 世纪，兵工厂大门口摆放着一头著名的比雷埃夫斯[1]狮子，还有三头较小一些的狮子，这是作为威尼斯共和国在伟大的土耳其战争中的战利品，从希腊运来的。

"在这些狮子前面总蹲着一只猫，或一只狗。"布罗茨基说，"因为这些野兽都有嗅觉，它们与雕塑臭味相投。也就是说，如果你们以为这里有四头狮子，那么，在它们前面往往还有第五头，而且是活的。实际上，在意大利，在罗马，猫是什么呢？在罗马尤为显而易见，它就是缩小版的狮子。就像我们一样——我们是缩小版的基督徒，是吧？"

---

[1]　比雷埃夫斯，希腊城市。

还有一头长着翅膀的狮子，它被直接安置在了兵工厂大门的上方。从这里到威尼斯海洋博物馆真的就只有两步远。不过布罗茨基几天以后才特意带我们到这个博物馆去。在轮船展厅，几个世纪前的威尼斯轮船的上方，一头镀金的狮子在展翅翱翔。

"这是圣马可最出色的狮子，它的前爪捧着一本打开的书，"布罗茨基说，"你到处都可以看到这头捧着书的狮子，这是一头特殊的有文化的狮子。*Pax tibi*，*Marce*，*Evangelista mtus.* 说的是'安息吧，马可，我的福音会会员'。这是谁说的呢？谁能对福音会会员说'我的'？"莱茵回答道，只有上帝才能说。"对。四分。"

我们都蒙了，问："什么样的回答能得五分呢？""我也不知道，怎样回答才能得五分。"布罗茨基哈哈笑了起来。

就这样，我们开始了在海洋博物馆的参观。

布罗茨基：

这个，怎么说呢，是威尼斯总督的专用游船。出席各种各样的典礼，接见使者，迎接教皇驾临，参与形形色色的划船竞赛，等等。所有节庆活动均以总督沿大运河乘船缓游开始，乘的就是这条船。总督本人就坐在这个小座舱里，有时候同貌相年轻的总督夫人坐在一起，有时候独自一人。由专门的人划桨。有一批绘画作品就表现了这个过程，其中包括卡尔帕乔的。当时的"布钦托罗"大桡船就划行在这条运河上。事实上这条船是属于奥塞罗[1]的。

嗬，这已是正常的标准的游船了，没有任何特殊的地方。可你看，这些游船是黑色的，送葬的规格取决于那个家庭的富裕程度——一些威尼斯人有自家的游船。贵族家庭有座舱的，作为惯例，就把座舱直接放在送葬的大游船上——这样就像是灵枢台。这种可拆卸的座舱也可以在不那么悲伤的场合使用，只单纯作为客舱而已。

还有什么呢？稍远一点的地方有一条小帆船。就是那种至少在二百年间布满了威尼斯潟湖的船。此外，这些船当然也曾运送过走私物品。小帆船有各种用途：譬如，捕鱼，这里随处可见的各种各样的渔网就是证明，其中也包括那种极简单的捕鱼大网。这是最常见的一种航海用的工具。

下面的内容似乎是为了拍纪录片而特地讲述的。是在我身上发生的事，也可以说是家务事。因为我的父亲在海军服役多年，我的童年，从六岁开始，至少到九岁，都是

---

[1] 奥塞罗，莎士比亚戏剧中人物，摩尔族贵裔，供职于威尼斯政府。

在海军博物馆里度过的，我父亲在那儿掌管照相冲洗室。他是军官，要在那里值班。所以夜里我经常在那些房间里溜达。那儿的格局和这里差不多，只是稍稍狭窄一些——毕竟是另一座建筑物。在这之后，父亲在波罗的海航运公司当了很多年的摄影师，我经常帮他做事。渐渐地，我也成了摄影师，就在那个航运公司。不过，这不是关键。关键在于，我经常冲洗父亲拍摄的大量的相片，所以便经常接触水。这对于他很重要，对于我也很重要。不过还是要感谢他，我才有了这样的水，以及这些海上的经历。

* * *

布罗茨基生活在列宁格勒时，海军博物馆还存在，位于世界上最美丽的地方——瓦西里岛的尖端，坐落在两个有古船头装饰的纪念圆柱之间的前圣彼得堡交易所大楼里。在海军博物馆的档案中，我们找到了一些因时间久远而发黄的登记卡，上面贴有相片。在"摄影师"那一栏以专业人员的字体写着：亚·布罗茨基。拍摄地点：波罗的海舰队，喀琅施塔得。拍摄日期：1942—1945 年。这是突破封锁时期的照片，被拍摄者是他父亲，海军军官，军事摄影记者。关于父亲，80 年代中叶布罗茨基在纽约用英语写道："战争对他来说，开始于 1940 年的芬兰，结束于

1948 年的中国。他护送押运队到巴伦支海，保卫与放弃黑海上的塞瓦斯托波尔，被派遣到列宁格勒舰队，拍摄了我所见到的最好的围困时期的照片，并参加了突破围困的战斗。"关于自己，他说道："……你是摄影师的儿子，你的记忆仅仅是冲洗底片。"

与布罗茨基漫步威尼斯

8

故乡 . 在露天咖啡馆里的谈话

布罗茨基：

接下来我不知道该往哪儿去了……去年在斯德哥尔摩，我刚好与一位相当著名的朋友讨论过这个。我们打算登上轮渡，回到故乡。他对我说："现在就到那儿去吧。"我说："现在还不行……"他问："你说怎么办呢？"总之，十五分钟以后我们搞清楚了，没有谁的故乡能回。

*　　*　　*

那一天，布罗茨基的心口疼得厉害。这是开拍的第二天，虽然感到万分惋惜，也只得取消拍摄计划。可是布罗茨基无论如何也不肯答应，他想带我们去看他最心爱的两座威尼斯教堂，然后再去兵工厂。可他走路乏力，我们便在滨河街上的一家咖啡馆里坐下来——坐上五分钟，喝口咖啡，喝一点格拉帕葡萄酒。后来他抱怨说，服务生来回走动的时候无法拍摄，必须先把摄影机架好。("费里尼[1]大概不能理解这个。""他们根本没听说过纪录片，你们信吗？")又拿父母和格拉帕开过一阵玩笑以后，布罗茨基谈起了他出生的城市。他带着些许的，也许是一贯的嘲讽，议论着列宁格勒、彼得堡和圣彼得堡。所以我一直想从大写字母开始写：故乡（Родина）。即挚爱的祖国。

当我和阿列克谢听他说起，他与巴雷什尼克夫打算"匿名"（或者如他开玩笑时所说，前往 terra incognita，未知的土地）乘渡船从斯德哥尔摩到圣彼得堡的时候，我们便在心中默默地想，如果他真的来了……我们当然乐意这样设想。关于为什么不回国，他本人给过各种解释。不过我觉得，他不回来，是因为他是自己生命的天才导演——他把自传的结局设定成了"不再返回"。可是，在威尼斯，在大运河岸边的露天咖啡馆里，他与莱茵在数小时之内"重返"自己出生的城市，互相抢着朗诵关于圣彼得堡

---

[1]　费里尼（1920—1993），意大利电影导演。

的诗句，探讨未来一切的可能性。于是我们追问，他首先要去的地方是哪儿。他答道："我打算，如果要去的话，那么不去火车站，而是坐飞机去普尔科沃，或者从瑞典乘轮船去。直接到瓦西里岛博利绍伊大街那儿的海湾。走出来，坐上出租车……或47路公交车，或许它现在已经不走那趟线了，它原来是开到家门口的……最好看一眼我们那'一间半'住宅，看望一下格里戈里·埃杜阿尔多维奇和拉伊萨·福米尼奇娜·鲁特，这些曾经住在同一屋檐下的邻居。之后我会沿着水边漫步。去新荷兰岛[1]。"

他这样说着，我们则设想，他如何走在自己的故乡，穿着自己这身考究但已揉皱的雨衣，头戴一顶布尔萨林诺礼帽（多亏莱茵指出来，当时我们还根本不知道这些词语），嘴里叼着不变的美利特牌雪茄。我们问他是否怀念过圣彼得堡。哪怕只是偶尔。

布罗茨基：

非常想，经常想。"哪怕只是偶尔"……我想，这座城市如今估计已经改变了模样。我在这里看见过几次。有

---

[1]　圣彼得堡的一座人工岛。

人给我看过照片。最让我感伤的是——我看到的是几种有轨电车——美国人牌电车已经停运。它们已经被取消了，是吧？现在在街上跑着的是其他的有轨电车、无轨电车，别的公共汽车。该如何看待这个现象呢？其实这一切都可以接受。你尚能使自己的意识适应这种现实。可当我怀念起自己的故乡时，我看到的还是老式有轨电车，而不是新式有轨电车。这不是回忆的象征，而是一种应对变化的机制。因为你的意识对于这些东西过分依赖，它们对意识的影响太强烈。说起交通工具，总想起曾在街道上到处跑着的橙红色的，像波尔多葡萄酒那种颜色的庞然大物，它们不太符合 20 世纪末标准，是些效率不高的家伙，却以某种方式构建着你。我们大家，特别是我们这个职业的人——都是文学的产物。作为文学的产物，雅致语言的产物，我们更多地依赖着过去，而不是现在——更不必说将来了。我们的意识，比如说莱茵和我的意识吧，吸引它们的是促使我们成长的东西，我们读过的东西。当我们听到古米廖夫的《迷失方向的电车》的时候，也就是那些所谓俄罗斯文学的黄金，我们联想到的不是新式电车，而是这些"美国制造"，这些在 20 世纪 30 年代运营的有轨电车。"大灌肠"[1]，以及其他种种事物。为什么我要说有轨电

---

[1] 指长长的电车。

车呢，因为它现在已经没有了。所以，那里已经是另一个世界了。而且，要回答你'是否怀念故乡'的问题，我想先回答另一个问题……关键在于，这已是另一个国家，另一座城市了。还不仅仅是因为有轨电车，而是因为那里已经有了另外一些年轻人，那里已经属于你们这一代人了。你们拥有存在主义的力量，掌控着现实世界。这可能让人喜欢，也可能不让人喜欢……如果你生活在其中，你会无意中适应它。如果不生活在其中，那么这对于你可能就是一个巨大变迁。我不认识这些人，说实话，也不想认识他们。我对现实不太感兴趣，对未来也不太感兴趣。我珍视我曾经爱过的和正在爱着的，也将带着这种感情长眠于地下。我已经不可能再成为另一个人了。我不想特意改变自己的感受。然而，我不回到自己钟爱的祖国并不是因为这个。你们知道，这就像是要回到第一任妻子那里去。从某个方面来说，很有意思，而从另一方面来说，也没有太大的意思。你曾经爱过她，在这段爱情中你改变了什么，要比她改变了什么重要得多。

每当谈及故乡，我经常语无伦次，从一个名称转换到另一个名称，对于我来说，它或者是圣彼得堡，或者是列宁格勒——它终究是彼得堡啦。这一切早就开始了，比进入你们这一代人的头脑要早许多，至少比执政的那些人早。我记不清是在 20 岁还是 21 岁，我独自完成了并不那么出色的作品，写下了一首长诗《圣彼得堡之恋》。为什么呢？这并不能代表我的乡愁。这一切都是因为曼德尔施塔姆[1]，因为那首《在一片黄色的政府大楼上方》……

> 一长串马达声冲进浓雾。
> 一位步行者，谦恭而自尊，
> 惭愧贫穷的怪人叶夫根尼，
> 呼吸着汽油，诅咒着命运！

还有人告诉我，这座城市已经落入了怎样的衰落，但是我想，它不可能陷入比 1947 年更严重的衰落。

* * *

这座城市是他和莱茵共有的。莱茵想起了布罗茨基的诗《从市郊到中心》，写的是在那里的化工联合企业里，在奥赫塔河对岸，在从未有人写到过的圣彼得堡工业区里，青春与装满柠檬汁的玻璃杯并肩站在一起。他补充说，布罗茨基不同时期的诗歌中有不同的音乐，在那个时

---

[1]　曼德尔施塔姆（1891—1938），苏联著名诗人、散文作家，阿克梅派的重要代表。1934 年 5 月被捕，判处三年徒刑。1938 年 5 月再次被捕，死于流放途中。1956 年后开始恢复名誉。

期，他的诗歌中有爵士乐——宛如城市自己在用烟囱和高塔演奏着什么乐曲。

布罗茨基：

《城郊爵士乐欢迎我们》这首诗的开头很简单："我又重新造访"，这可以理解……彼得大帝桥 [1]……不知道这些工厂是生产什么的，主要是那些烟囱的影子真的很让人吃惊。你从斯莫尔尼大教堂出来，到了水边，走出围墙……墙上有洞，可以钻出来。安娜·阿赫玛托娃正巧提到过这座教堂，说它是"逃跑的大教堂"。你越是接近它，它就越小，它一直在远离你。

这座城市在某个方面是很出色的——因为河面很宽，差不多就像这里的潟湖。所以，当你站在桥上——沟通各个区域的主要途径就是桥梁——所以，当你站在桥上，在铸造厂桥上也好，在圣三一桥上也好，顺势往下看，你就会看到这座城市，看到它的全貌。你了解这座城市。你在

---

[1] 波尔什欧克廷斯桥（Большеохтинский мост）是位于俄罗斯圣彼得堡涅瓦河上的一座大桥。1909 年，为纪念彼得一世在波尔塔瓦战役中获胜 200 周年，该桥名为彼得大帝桥（Мост Петра Великого），1917 年恢复原名。

这里生活过，你在此度过了一生，你知道谁住在这些房子里，却产生了一种陌生感，仿佛那是另一个世界。这就是把已知的东西置于虚幻之上，或者把虚幻置于已知的东西之上——这是某种独一无二，只属于故乡的东西。可是当你向那里张望的时候，你会想到，那里的人是另一些人，虽然你像把他们扒光了一样了解他们。然而，你还是感觉那里是另一个世界，最好的世界。

你们知道吗，我是一个很骄傲的人，我一直很骄傲……不，没有那么骄傲，但至少我很满足，因为我曾在第三庭[1]受审。这是一件愉快的事，这其中毕竟有些值得说。穿过汉科半岛保卫战英雄纪念碑旁边的那个门洞，所有的人都从第三庭被押送了出来。陀思妥耶夫斯基被押送了出来，此前被押送出来的是彼得拉舍夫斯基分子。然后是其他各色人等，一直到基里尔·科斯钦斯基——愿他早升天堂。

*　　*　　*

这些想象中的故乡漫游给予了时间与空间另一种维

---

[1]　第三庭，属俄国御前办公厅（1826—1880），是政治监视与侦查机关。领导镇压农民与革命运动。所属的独立宪兵团为执行机构。

度。对布罗茨基的第二次审理，判定"布罗茨基不是诗人"并把他流放去北方的那次，就是在丰坦卡滨河街16号的建设者俱乐部大厅里进行的。原来，只隔着两座楼，沙皇陛下的第三庭便设在早先柯楚别依的独家公馆里，地址是丰坦卡22号。布罗茨基问莱茵，判处他流放的女法官萨韦里耶娃是否尚在；那位州委第一书记，不久便被任命为驻中国大使的托尔斯基科夫后来怎样了……而我们则在想，多么遗憾啊，他不能像在威尼斯一样，把圣彼得堡指给我们看。我对他说：多么遗憾……

布罗茨基：

是的，我真的愿意那样做。那是一座很好的城市。在我看来，这是帝国领土上的最好的东西。

对于我来说，圣彼得堡就是我希望国家未来成为的那个样子。总之，这就是夙愿吧。在帝国的边缘，在远离他人的地方，彼得大帝建造了这座城市。多亏这一举措，才催生了俄罗斯文学。为了写作，所有作家都需要幽居独处，将他的写字台摆放在安静的地方。彼得大帝把首都迁往圣彼得堡的时候，自然遭遇到了强大的反抗。可是，他完成了亘古未有的大业。俄罗斯……在一定意义上，正是因为首都建在了她的边缘，建在了世界的边缘上，俄国才成为伟大的国家。

从历史上看，俄国是一个患有极端有限空间恐惧症的国家。她对自己的态度、对他人的态度，就是人们对婴儿的态度。我们把婴儿裹在层层襁褓之中，一般说来，这是发育时期的状态。彼得大帝却完成了卓越的壮举。我甚至不知道，他是否意识到了他完成的是一种怎样的举措，在他的意识中有没有这种玄妙的衡量标准。这是向外扩张的一步。这向世人们证明了我们的存在。我们总是站在世界的某个边缘上，而这个边缘在不断地开放、开放、开放……为了俄国，为了这个庞大的国家，应当向世界开放。在这其中，圣彼得堡具有既定的、命中注定的意义。这些地方有多么可爱，就不必赘述了。

俄国对于 18 世纪的意大利建筑师意味着什么呢？总的来说，当时洛可可时代已经结束，全欧洲的古典主义时代已经开始，那对于俄国又意味着什么呢？对于他们当中许多人，对于那些心思依然放在洛可可、巴洛克式建筑上的人来说，俄国成了最后一个保护区，是最后一个仍可以进行大规模建造的地区。这实际上是洛可可最后的呐喊。

可以说，在欧洲文化意义上，这是在祖国领土上发生的最有趣的现象。好，先从文学开始吧。分析文学的时候，我们使用的所有术语都是借用的，比如"浪漫主义""古典主义""巴洛克"等风格风类，它们都不是国产的。俄罗斯文学有着相当明显的发展过程——在古典主义之后出现了巴洛克风格。比如，如果我们认为，康捷米尔[1]、特列吉亚科夫斯基[2]、苏马罗科夫[3]，本质上是古典主义，那么，他们之后是谁呢？他们之后出现的是杰尔查文[4]。而杰尔查文，这绝对是引人瞩目的巴洛克，在某些地方甚至是洛可可。在建筑学上也出现了类似的现象。也就是说，巴洛克在欧洲结束以后，却向俄国疾驰而来。

如果说巴洛克在东欧有绝对出色的代表的话，这就是曾经的俄罗斯帝国的公民、苏联的公民，能够在波罗的海诸国——其中包括立陶宛——所能观察到的。它也许可以有幸到达捷克斯洛伐克。不过那里的是更地道的巴洛克，在时间顺序上，它同巴洛克在欧洲发展的进程相符。而在俄国则完全是另一种性质。

---

[1]　康捷米尔（1708—1744），俄国诗人、外交官。

[2]　特列吉亚科夫斯基（1703—1768），俄国诗人、语文学家，彼得堡科学院院士。

[3]　苏马罗科夫（1717—1777），俄国作家，古典主义的主要代表。

[4]　杰尔查文（1743—1816），俄国诗人。

所有这些意大利人，夸伦吉[1]、拉斯特雷利[2]，还有罗西[3]，虽说这又是另一个故事了——他们蜂拥而至……更不必说那些本国的建筑师了，譬如沃罗尼欣[4]。总之，您在俄罗斯所见到的，这都是对过往的思念。可是，俄罗斯的主顾都是些富豪，城市建造得异常宏伟，因此建筑规模也格外惊人。

这种规模只有我们的皇帝和我们的贵族能够允许。这些高官显宦们。或许，对于巴洛克也好，洛可可也好，圣彼得堡是千载难逢绝无仅有的土壤。

---

[1] 夸伦吉（Giacomo Quarenghi，1744—1817），夸伦吉（俄国新古典主义建筑最重要也是最多产的实践者，被称为"意大利最后一位伟大的建筑师"。

[2] 拉斯特雷利（1700—1771），意大利建筑师。曾在俄国工作，发展了一种易于辨认的晚期巴洛克风格，既奢华又雄伟。他的主要作品有圣彼得堡的冬宫和沙皇村的叶卡捷琳娜宫，都以奢华的装饰而闻名。

[3] 罗西（Carlo di Giovanni Rossi，1775—1849），意大利建筑师。曾在俄国工作，是圣彼得堡及其周围地区许多古典建筑和建筑群的设计者。

[4] 沃罗尼欣（1759—1814），俄国建筑师、画家，古典主义代表，俄罗斯帝国风格的创始人之一，以设计建造圣彼得堡的喀山大教堂而闻名。

9

杂谈爱国主义

在断断续续的录音中——录音带不多，为了节省，有时候不得不关闭录音机——有一段不知为什么出现在其中的录音，是一首叫作《祖国》的诗歌，似乎是莱茵要提示些什么。再后面是布罗茨基的声音：

祖国啊。为什么要有这些关于爱国主义的谈话呢？不过，就是一小段插曲而已。大约在 20 世纪 70 年代，可能是 1975 年到 1977 年，我在欧洲时，有时会听一听俄语广播电台。哦，你知道吗，我有一个索尼收音机。有件事让我吃了一惊。电台一直在播放歌唱祖国的各式歌曲。这给我留下了这样的印象：仿佛这些歌曲的作者都已经离开了祖国！好像他们都在国外，在哭泣。可我认为，这其中更多的是愚昧无知。教我们学习这个，训练我们，比如，当诗人要谈祖国时……幅员辽阔、人口众多，他把这些词搅和在一起，用大扫帚一扫……这是《诗人与国王》的消极的一面。好像他有权利似的。他们全都有权利！于是他们就这样吼叫。算啦，还说什么某个诗人呢，就是索尔仁尼琴又怎么样？他们庄重预言！他们不过是个体的人，某些颗粒，一些小小的微粒……

这并不是传统。比如，杰尔查文就没有。他与费丽莎有来往，但他从未代表俄国人民说过话。就连普希金也没有这样做过。巴拉丁斯基没做过，维亚泽姆斯基也没做过，甚至莱蒙托夫都没做过。这个传统的产生与所有平民知识分子有关。我知道这背后的原因是什么。这背后的原因是涅克拉索夫[1]的扬抑抑诗格[2]。扬抑抑诗格是哭诉的诗格，如泣如诉，是吧？而这确实是传统——也就是俄国的边泣边诉，它又变成

---

[1] 涅克拉索夫（1821—1877/1878），俄国革命民主主义诗人，1847—1866年主编《现代人》杂志，晚年主编《祖国纪事》杂志。代表作品有长诗《俄罗斯妇女》《谁在俄罗斯能过好日子》等。
[2] 在诗句中如果一个音步中有两个音节，前者为轻，后者为重，则这种音步叫作抑扬格，同理，"重－轻－轻"为扬抑抑格。不同的诗格带有不同的情感色彩。

了——坚持，变成了男子汉的坚忍不拔。

整个俄罗斯诗学，它主要的诗律，就是四音步抑扬格和阴性韵。而较之更好的是扬抑抑格。此外还有更为丰富的扬抑抑尾韵。这是 20 世纪俄国诗歌，苏联时期诗歌的主要特征。

这个现象的背后是什么呢？它首先不是一种材料和对事件的合理态度，而是抱怨与情绪反应。自悲自泣，直率地说，就是哀号。甚至当您接触到的是如此卓越的诗人，如帕斯捷尔纳克。谁没有一丝一毫的哀号呢？——曼德尔施塔姆。非常惊人，是吧？他不是基于这种消极情绪上，他的性格就多少有些歇斯底里。他总是将它转向另一种癫狂状态。"他们要起身 / 便弯着腰钻出窗户……"[1] 这是什么？当他写这种东西的时候，我知道他出了什么事。他确实背离了一切。当你在英语环境中生活一段时间以后，也许对俄罗斯诗歌中洋溢着的扬抑抑格情调与哀怨就会有清晰的理解了。譬如，为什么阿达·奥诺什科维奇·亚兹纳[2]翻译的吉卜林能使我们产生这样的印象呢？古米廖夫为何也如此呢？因为他们使用阳性韵。然而对气氛的

---

[1] 引自曼德尔施塔姆的诗作。

[2] 阿达·奥诺什科维奇·亚兹纳（Ада Оношкович-Яцына，1897—1935），苏联女诗人，翻译。

渲染是那么强烈，以至于被纨绔子弟所接受。至于读者将此视为某种浮华作风，那就无关紧要了。但这其中还有另一种情况，就是他们本人知道，自己要拒绝什么。

（摘自录音）

＊　　＊　　＊

到威尼斯去见布罗茨基时，我们的年龄大约就是他离开苏联时的年龄。他被迫离乡，我们却可以按自己的意愿出国，或许这就是代际的实质性差别。"……他们是你们这一代的人，他们具备存在主义的力量，掌控着现实……我不了解这些人，说实话，我也不想了解他们。"不过，他似乎还是想了解的。我们与布罗茨基的谈话变成了某种"代际对话"。这其中有"玄妙的维度"，就像他自己曾经说过的那样。

下面又是录音：

你们面前是十分美好的世界。

重要的是，我认为，不要犯一个错误。我想，应当力求探索……不，不是探索。如果使用报刊语言，就是应该以某种整合思想为方针，而不以孤立思想为方针。也就是，当他们开始说"俄罗斯，祖国，我们，特有的灵魂"……上帝并不按照地理原则安置灵魂——这个是捷克灵魂，那个是巴西灵魂，另一个则是俄罗斯灵魂。人性中存在着某些共性，应该去寻找它们，朝它们那个方向看。那个时候生活才可能比较有意思。

引用《奥德赛》中的话：人是划着桨通过的。问题在于，在世界文化与欧洲文化中发生了一件相当可悲的事，那就是所有的伟大流派在一定程度上都结束了。所有在世界文化中产生过的东西，其中包括绘画、文学、音乐——这些都是参考性的，重复的，是联想，是回声，建立在迂喻法的基础上。20世纪后半期或者最后二十五年产生的所有艺术，几乎所有的艺术都是这样的。你们不会与贝克特[1]有这种第一次冲突，是吧？这让我感到万分遗憾。

昨天莱茵对我说："你不再是俄国诗人了，你拥有的是享誉世界的声望。"这其中有一点"欧洲"的东西，我不记得了。在你们提出的问题的背后，存在

---

[1]　萨缪尔·贝克特（1906—1989），爱尔兰作家、剧作家。荒诞派戏剧创始人之一。代表作有《等待戈多》《无名人》等。1969年获诺贝尔文学奖。

着一个不好的前提。也不是不好的，而是不确切的前提。我可能是最"俄国"的。

俄罗斯人——这是一个人能够成为的一切，也是能使他感兴趣的一切。能定义一个人的是他能成为什么，而不是他是从哪里来的。这是一个相当有趣的东西，是巨大的优势，一种非凡的智慧——端坐一处，眼观世界，一切都在你的身上得到反映，就像一滴水那样。这非常吸引人。比如说，你生活在乡村，买一套房子，翻译不知道什么诗人的作品——但我并不认为这就是多么了不起的成就。也就是小有成就而已，因为在这种情况下，你唯一可能的收获是心灵上的和精神上的舒适。人是一个庞大资产的持有者，他实质上是在追逐并确保自己的舒适。而最主要的舒适，是信念的舒适，道德立场的舒适。我的观点要更有趣，也更危险——在一定程度上，可以不舒适。事实就是如此。当任何人无论如何也不能帮助你的时候。当你无所依靠的时候。你可以设想一下，你是一棵树，帮助你的不是树根，而是树梢——在这当中它也被狂摇不止。树根，是好东西。我不知道与树根决裂会导致什么后果。有时候是致命的，但也并非总是如此。至少在我自己身上，我总是通过阅读来自我教育。我很走运，正是因为如此，比如我正好同时阅读着茨维塔耶娃[1]和舍斯托夫[2]。舍斯托夫极其喜欢引用德尔图良[3]的三段式，他以这样的一句话为结尾："我信教，因为世事荒唐。"*Credo quia absurdut.* 当你读到这句话的时候，它会使你产生强烈的印象。有信仰多好啊，由此你处处是春天："信者得福，他的世界处处温暖。"可是，信者更得福，当他在世界上遭遇寒冷的时候。这个世界不是从中心开始，而是从边缘开始。边缘并不是世界的终结，而是它的开始，在它之后才有其他的一切。大概就是这样一个模式。我想，它在我们这一代表现得更明显些。

就实质来说，俄罗斯文化仅仅是世界基督教文化的一部分，俄国只是它的一个教区。在当今（20世纪90年代——作者注）的能量激荡中唯一能得到的，就是在19世纪末20世纪初才开始形成，当俄国变成欧洲一部分的时候形成的那些东西。就拿佳吉列夫与斯特拉文斯基来说吧。他们是谁？斯特拉文斯基是什么人？是美国人吗？还是俄国人？这并不那么重要。而俄国给了他什么？通过这些过滤器或不是过滤器，

---

[1]　茨维塔耶娃（1892—1941），苏联著名诗人，卫国战争时期自杀身亡。
[2]　舍斯托夫（1866—1938），俄国哲学家、作家，存在主义的代表。
[3]　德尔图良（约160—220），基督教神学家、作家。

从俄罗斯的熔炉中释放了出去，奉献了出去，奉献给了音乐艺术。我并不是说，这是位著名的作曲家，我不过是以他为某位文化界人物。绘画艺术的情况也有些相似。当然，可以把康定斯基[1]认定为德国人，或者其他什么人。然而，你是什么人并不重要。重要的是，你在做些什么。而俄国很重要，因为你作为一个人，她培育了你，她把你的视角稍稍调整了一下，或许使其更开阔了。或许，她使它变得更容易适应某种距离。

---

[1] 康定斯基（1866—1944），俄国画家，自 1921 年起移居国外。

10

那么，怎么办？

——关于俄罗斯问题

布罗茨基：

你们问一个已经在国外生活了二十一年的人。从理论上讲，你们甚至不应该问他，因为按照俄国的传统，他没有权利议论这些东西。不过我认为，这是不正确的。我主动疏远，或因被排斥而远离的那些事件——我在其中有一定的优势。我觉得我似乎可以带着某种程度上的清醒来看待它。我的意识不被即刻的刺激所遮蔽。自然，这是一种特权。一般来说，是无须倾听这种特权者的声音的。然而我要说说我是如何想的。俄国社会政治生活的基本悲剧就在于对人的极大不尊重——或者可以说，是蔑视。归根结底，在你内心深处总隐藏着一种感觉："啊，他算什么人。"我甚至认为，在这种针对我的质疑的背后，同样是"他算什么人"。这种互不尊重的表现之一就是那些玩笑与嘲讽，它们涉及……总之，嘲讽的对象是社会结构。它存在于我们这里，并在这里占主导地位。自然，这是异乎寻常的，又是令人满意的东西——开开玩笑，龇龇牙，已经很快乐了。但这一切让我非常不喜欢。

有一次，纳博科夫说，当人们开始跟他讲——当时的情况是，有人从俄国来，跟他讲俄国笑话。他笑哇，笑哇，笑哇，后来说："出色的笑料，出色的笑话。然而这一切都让我想起仆人和奴隶们讲的挖苦主人的笑话，可同时他们却忙着打扫主子的马厩。"这就是我们的处境。在我看来，较为理性的是试图稍许改变一下社会环境。

这百年来，俄罗斯人经受了任何民族都未曾……哦，或许中国人所承受的更多一些，但我不打算谈中国人，我不打算说其他民族……我们承受了任何一个居住在欧亚大陆北部的民族都不曾承受过的命运。我们看见了绝对赤裸的，真正赤裸的生命体。我们被脱净，被扒光，被示众，被放置在极端的严寒中。我认为，结果不应当是彼此嘲讽，而应是相互同情。然而，这个我未曾见到。我既没在政治生活中见过同情，也未在文化中感受过。甚至，当触及文化时会令人感到痛苦，因为那些文化人，他或多或少是个机智的人，是喜欢挖苦讥笑的人。这让我非常不喜欢。我要再重申一遍：我是在隔岸观火。我觉得，这在一定程度上可以用文化史是一种现象或是精英品类来解释。也就是说，当你进入文化领域，你的价值就开始背离那些与文化无关者的价值。说得更简略些，背离上面所说的那些人的现实。对此可以有两种答复。首先，这是我们全部文化生活的激情——引导居民接近文化，推动他，与他分享文化。然而我认为，此举的后果是可能出现可笑的结局——他们都将成为无耻之徒。不过，还有另一种办法。我马上就会说到，在此先引入一个细节，引入一个小插曲。

1964 年，记得我是第三次落入铁窗之中，被遣送到北方，刑期是五年。在此之前我已经开始写诗了，觉得自己比任何人都优秀，至少要比很多人都高出一截。我记得人们怎样用枪托抵着我们，把我们硬塞进车厢，一个个站着。这都算正常。四个人坐的包厢，却安排了十六个人。这些人各个阶层的都有，主要是刑事犯和普通百姓。哦，这并不重要。我对面坐着一个农民，就像克拉姆斯柯依[1]所画的那样——手上青筋暴露，留着长长的大胡子……从

---

[1]　克拉姆斯柯依（1837—1887），俄国画家。

沃洛格达至阿尔汉格尔斯克的列车走了很久，我们聊了起来。我问他怎么到了这步田地。他说，他不过从国营农场偷了一袋肥料，便被判了十年。那时候他大约65岁，如果不是更老一些的话。他看上去要年老许多。我明白了一件事：他永远不会从这里出去了。他必将死在这里，或者死在这个列车上，或者死在押解途中，或者死在别的什么地方。没有什么大赦国际（Amnesty Internatinonal），更没有什么苏联作家协会，甚至那些年轻人，我的朋友们，都不会知道他的名字，在任何时候任何地方都不会提及他。这给我留下了强烈的印象。这就是脱离文化。于是，我明白了……总之，我从事的一切，在我身上所发生的一切，或迟或早，总有人会给我以帮助，有人会为我奔走。但不会有谁为这个人奔走。这就是在文化和民族命运之间的区别。这是非常可怕的。

还有那么一段时间，我开始在北方生活，在一个国营农场里工作。从许多方面来说，那都是一个很糟糕的地方，我非常不喜欢它，对此也没有任何准备，我那时完全是一个城市里的孩子。唉，还有一段时间……在早晨，早晨6点，天气很不好，冬季，严寒。而如果是在秋天，那甚至会更糟。你走出家门，穿着靴子、棉袄，去村苏维埃拿全天的派工单。你穿过这片田野，走在没膝深的……什么都可能有。太阳正在升起，或尚未露头。可你知道，在这个时刻，在这个强大的国家里差不多有百分之四十的居民都在以这种方式行动。现在你心中充溢着的可能是某种团结一致的感觉，而是否会产生这种感觉则因人而异。可是这种感觉，归根结底，对于我来说，曾经是，而且至今，在时过境迁之后，仍然是珍贵的。

*　　*　　*

1996 年春天，我们重走了布罗茨基到阿尔汉格尔斯克的列车之旅。车厢是另一种，很舒适，但列车依然向着阿尔汉格尔斯克走了很久。窗外不时闪过的景色依稀如旧。几个月之前，在 1 月，他去世了。我们要去的那个地方，他在那里曾经写过："他死于 1 月，在一年之初。"这是他为纪念艾略特之死而写下的，后者死于 1965 年 1 月 12 日——写于诺连斯卡亚村。在那个 1 月，他正处于北方流放之中，他心中的一位"圣者"，英国诗人托马斯·斯特恩斯·艾略特在伦敦逝世，安葬于威斯敏斯特大教堂。"他的诞生地美国，和他的辞世地英国，都是忧郁之地，它们分别位于他坟墓的两侧……然而，每座坟墓都是大地的边缘。"布罗茨基加入"他来之前已经开始了的谈话"（正像帕斯捷尔纳克谈到曼德尔施塔姆时所指出的那样），这场谈话把诗人们带入超越了时间与空间的永恒。剩下的仅有猜测——艾略特的死讯是以何种方式传到置身于诺连斯卡亚的布罗茨基身边的。某位朋友写了信，还是有谁在当地邮电局与故乡的电话中听说？到底是怎么回事呢？

"被遗弃于沼泽中"的诺连斯卡亚村比纽约市还要年长，它已经有三百多岁了。在它的历史上，这里仅有过一位流放者，就是约瑟夫·布罗茨基。据说，是他本人选择了诺连斯卡亚。1964年4月，当他被带到阿尔汉格尔斯克州科诺沙区中心时，让他本人挑选作为工作地点的村子。在这里他度过了一年零五个月，这段经历给他的一生留下了深刻的印记。

布罗茨基看到的诺连斯卡亚曾经是一个大村庄，有俱乐部、邮局、茶馆和图书馆。当我们抵达的时候，这里仅仅剩下十来座还像点样子的原木屋。它们是按照北方样式建造的，我甚至不想叫它们木屋，而应该叫房屋。那时这里住着五位老太太，她们都清楚地记得当时那位奇怪的房客。到了2012年，报道里说，整个诺连斯卡亚村只剩下一个人了。也就是说，虽然"上帝无所不在"，但这个村庄已经死了。

开始时，他租住在泰西娅·伊万诺夫娜·佩斯捷列娃家，后来租住在佩斯捷列夫姓氏的其他人家里。他们都永远留在了他的诗作中："老太婆娜斯佳大概已经死去，/ 佩斯捷列夫也未必还活着……"佩斯捷列夫是诺连斯卡亚的一个拥有贵族身份的家族。泰西娅·伊万诺夫娜带我们看过布罗茨基曾租住的房间，一切大致还与当年一样。只是在摆放圣像的屋角里挂着一张泰西娅年轻时的相片——这是布罗茨基拍的。在这间糊着报纸的房间里，他用军用水壶在煤油气炉上煮过咖啡，在烛光下写过诗——当时还没有电灯。"我的蜡烛放射着昏暗的光……"革命前这里曾是邮局，泰西娅的爷爷在邮局工作过。这座木屋到1996年就115岁了。"夜晚在小木屋里有多好，/ 徜徉在自己命运的怀抱……"

在布罗茨基被流放到此地之前，邮局早已设置在专门建造的房子里，他来到此地后，还曾从邮局往列宁格勒打过电话，收取过信件和报纸。玛莉亚·伊万诺夫娜·日丹诺娃当时在邮局工作：

> 他来到邮局——他的双手都包扎着。我吓了一跳，赶忙问："这是怎么回事，约瑟夫，你怎么啦？"他说："我劈细木杆子来着。""唉，怎么不早说，我可以给你一副手套嘛！你怎么不从佩斯捷列夫家拿一副呀？"你们可以看看那些细木杆子，它们还在那里放着。没运走，就那么一直放着。

诺连斯卡亚邮局如今也不在了……在曾经的一年半

里，对布罗茨基来说，邮局是他与外部世界唯一的联系。他走后，闪电击中了邮局。它被焚毁了。

区中心科诺沙是阿尔汉格尔斯克-摩尔曼斯克与沃尔库特大路交叉点的最后一个枢纽站。在将近一个世纪当中，科诺沙和它附近的一些村庄发挥着自由与服刑之间的过滤器的作用。从诺连斯卡亚到科诺沙 30 千米，搭顺风车半小时，或者步行三至四个小时就到。布罗茨基每周来这里两次——去民警局签到。在这里，在科诺沙区内务处的小囚室里——他是因为拒绝在达尼洛夫斯基国营农场的田野上"捡石头"而落入其中的——他度过了年满 25 岁的生日。三个月后，科诺沙区党报《号召》上出现了布罗茨基首次在心爱的祖国公开发表的作品（如果不算他在彼得堡杂志《篝火》上为孩子们写的诗歌的话）。在《本地诗人们的园地》栏目上刊登了他的两首诗——《黎明时分的拖拉机》和《秋天的》。现在我们已无法得知布罗茨基的写作动机，但他专门写了这两首，并亲自送到了科诺沙郊外的小木屋。直到今天《科诺沙信使》报编辑部仍设在那里。该报在不同时期有不同的名称——《斯大林突击队员》，之后是《共产主义旗帜》。20 世纪 60 年代，当他在流放中的时候，报纸的名字最值得骄傲——《号召》。当时有一个青年在《号召》报工作，他也写诗。人们让布罗茨基去找他。他叫阿尔贝特·扎巴鲁耶夫。三十年后他告诉我们，他是如何准备发表布罗茨基的第一篇诗作的：

那是在 1965 年 8 月。我当时在信函处。也处理诗歌的投稿。在那个美好的，或并不那么美好的一天，来了一个小伙子，穿一身牛仔服，寻常衬衫，没系领带，现代派。他问道："你们这儿可以发表东西吗？"我说："原则上可以，为什么不能呢？"而他说："可是有一点特殊情况，有可能使您为难。""什么情况？""我是个被流放的人，所谓的'寄生虫'。""那又怎么样？只要内容不反党……"在当时这很重要。他说："不，内容应该是正常的。"于是，我就看了看……标题为《拖拉机手》。内容我当然喜欢，写得很有形象性。例如："寂静越来越深沉，/ 宛如地平线两侧的圆木。"还有其他一些诗句。我们采用了，准备出版。说实话，也没有什么需要特别准备的，也无须添加什么，他的文笔已经相当好，尤其相对我们区级刊物的水平而言。东西发表了，大约一星期之后，他又来了，带着一份手稿。叫作《秋天的》。好吧，我看了看，说："第一份稿子要好一些，比今天拿来的这个好。"他回答道："不可能。今天这份稿子比以前那份好多了。"我说："当然，口味各有不同嘛。现在我去吃午饭，您如果乐意，跟我一起去吧。"大约一公里的路，我们一边走，他一边给我，如他所说，"修理脑子"……幸好管思想的书记不认识他，否则布罗茨基的作品不可能在我们的刊物上发表，这是肯定的。

我们到来的时候，流放中的布罗茨基在科诺沙结交的唯一的朋友还在，他叫弗拉基米尔·切尔诺莫尔基克。这位阅历丰富的囚犯在任何情况下都帮助他，他们甚至共同创作了一首歌《丽莉·玛尔莲》，布罗茨基经常荒腔走板地大声演唱。前不久我还听过录音。切尔诺莫尔基克是敖德萨人，为人豪爽，在战争时期当过侦察兵，比布罗茨基年长16岁。我们相遇时他已是耄耋之年。关于被流放的原因，他含糊其辞，只说流放结束后他定居于科诺沙，结交了许多朋友。当布罗茨基被贬到北方来的时候，他在此地已经有了许多关系。他们在科诺沙图书馆相识，馆里的工作人员不想给布罗茨基注册，拒绝借书给他。切尔诺莫尔基克当即安排好了一切。

在科诺沙看到一个装束举止异于他人的人……天哪！红头发……我走到他跟前。在这里不提我们是流放犯，只是各自称呼"切尔诺莫尔基克""布罗茨基"。他看了我一眼，马上便明白是怎么回事了。他对交友并不很主动。

　　弗拉基米尔·切尔诺莫尔基克赠给我们两句格言，后来我们经常使用。第一句是："连牛犊子隔三趟街也能认出知识分子来！"当我们问他，布罗茨基在丹尼洛夫斯基国营农场做什么时——毕竟他是为了法定工作才注册来这里的，他回答道："强制他做什么便做什么。可以让他起粪。也可以让他放牛犊，这他当然不能做。这绝对是徒劳无益的勾当。"切尔诺莫尔基克的第二句格言是："对这种异域情调的兴趣最多保持三四天，还是在你主动选择它的时候。而如果把你强加于此，这就已经不是异域情调了。"

　　1965 年 5 月，在科诺沙度过自己 25 周年生日以后，在阅历丰富的年长朋友切尔诺莫尔基克的帮助下，布罗茨基拿到了同是流放犯的德国一内科医生埃里希·安德雷开具的诊断书。诊断书中称他患有严重的心脏病，由此解除了他的农业劳动，改为城市劳动。后来切尔诺莫尔基克又安排他进科诺沙市区工作，在生活服务部做流动摄影师。拍摄预约来自周边的村庄，布罗茨基骑着自行车在区上到处走，但必须回到诺连斯卡亚村过夜。为同村人拍照则完全凭兴趣了。

　　这些相片让他们回忆起过往的岁月和年轻的诗人。命运偶然地把布罗茨基带到了他们那里，诺连斯卡亚村的老奶奶们把这些照片保存在红角¹里和家庭相册中。

玛莉亚·伊万诺夫娜·日丹诺娃说：

他对我说："玛莉亚·伊万诺夫娜，我可以给您照张相片作纪念。"我说："算了吧，约瑟夫，我不会照相。"可他说："没什么不会的。您别看镜头，往那儿看。"这张照片我很喜欢。我甚至没有打扮打扮，就那副模样从邮局跑了去……几个月后，他还对我说过这些话："没什么，玛莉亚·伊万诺夫娜，人们还会想起我来的。"那时我想：哦，怎么回事呀，一个流放犯，还要想他吗？于是我说："也许吧，我们不会忘记您的。"

当我得知他过世的消息……我叹了一口气，脑袋疼了起来。我说："愿你早升天国，名垂千古，约瑟夫。你白受苦了，白受苦了。"为什么这么晚才想起他来呀？

---

¹　圣像角，或称红角，是东正教或希腊天主教信徒在家中设置的一个小的敬拜空间，通常设在光照最好的角落（朝向东南）。

布罗茨基：

我此刻要说的话不是因为眼高于顶，也不是因为神不守舍，而是因为我感觉到，我们应该关注每一个人。因为无论身在何地，我们全都处于可怕的情势之中——我们正在死去。因此，人在与他人的关系中有一项义务——帮助他人。社会应当建立在相互保护与关注的基础之上，而不是在任何形式的自私理念之上。在我看来，推动我们祖国文化的，其大多数代表的动机都是自私自利的，就跟现在追求暴富的那些人差不多。这些让我非常不喜欢。不过我想，这一切都是可以改变的。

共产主义体制在我国存在的七十年里，催生了一些很好的东西——社会中的平等意识，贫穷与灾难中的兄弟情谊。这些应该保存。我这一代人，哪怕是一些反抗者，为此也应当感谢体制，因为当你遭遇到恶时它允许你表达，世界上什么东西珍贵，什么东西差一些。时至今日，在我可爱的祖国仍有一件事非常让我惊讶——人们，我认识的和不认识的数量众多的人，虽然他们大多属于受过教育的阶层，但表现得似乎什么都未曾学到似的。似乎从未有人对他们说过，必须理解与爱所有的人，爱每一个人。我不明白这是怎么回事。

马克思在这个方面是正确的——资本主义制度导致剧

烈的社会分化。在这七十年间，这个分化没有出现。而且无论怎样，起码我们的社会还存在。我想，如果我们遵照如今占优势地位的指示或建议，可能将以失掉社会而告终。也就是说，每个人都将变成利己主义者。这是狼的本性。

社会主义理想是什么？就是明智的理想。社会的社会主义理想植根于完全证实了的体验，即社会在数量上的繁荣。为了领导、管理这样的社会，为了社会中不产生巨大的两极分化，需要某种公分母。不幸的是，宣传这种社会理想的时候，我们被告知人间天堂必将到来。这是愚蠢的。实际上，这种社会主义社会与社会主义观念的根基，在于生活是沉重的、困难的、可怕的和惊人的。所以大家要帮助其他人。只有联合成一个整体，我们才能以某种方式减轻自己生存的压力。毕竟生活是艰难的。任何时候都不会有天堂。任何时候也不会变得特别好，不会有乌托邦，或者近似乌托邦的什么。就像《圣经》中所说：你将汗流浃背地获取自己的面包。任何体制，无论是资本主义的、社会主义的，还是共产主义的，任何体制都不能使人摆脱这点……好，我现在要说一件简单的事。16岁的时候，我在"兵工厂"干活。当时正在召开支援埃及的群众大会，因为爆发了那些事件——苏伊士危机。在工人大会上，我不记得从哪儿派来的讲演者，说什么我们应该帮助埃及，同资本主义作斗争。所以我们应该参加星期六义务劳动。一个人站了起来——这是很久以前的事了，在1956年，相当可怕的时期——他是我们车间的钳工。看样子，他在这之前已经喝醉了。他说："我的老板是哪个派别的人，这对我来说有什么区别呢，我总得早晨7点起床。"在所有这些关于新社会或西方模式，或关于其他鬼知道是什么东西的谈话中，都应该记住这一点。

问题在于社会构建于何种基础之上这个主要前提。西方社会，我指的是欧洲，它或多或少也建立在对一个好世界的期待上。这个期待好世界的惯性，在一定程度上是进步的发动机。但是，这个发动机需要许多燃料。在一定程度上，美国社会遵循的主要原则是什么呢？它的奠基人采纳的根本不是卢梭主义的思想。这是些信仰新教的人。他们的核心思想是，人根本上是恶的，人是危险的，人能对其他人做出可怕的事情来。所以应该构建这样一种制度，在一定程度上它至少可以驯服人的不良品德。法律体系便由此而生。他们从来不说"我们要创建一个理想社会"。他们说："我们试图创建社会……请读一读联邦主义者的文件，好吗？……创建一个社会，在这个社会里，人的消极的一面或多或少可以得到监督。"我就是试图将这种清醒的观点摆放在社会的基础上。这种社会此刻正在世界六分之一的版图上形成。

……我恰好虔诚地相信对立面的联合。这是巴洛克原则。就是，当人在谈政治的时候，其背后，则有水在啪啪地拍溅。

（引自录音）

* * *

1993 年 11 月，当我们来到威尼斯时，十月事件和莫斯科十几天的内战留下的印象还十分鲜明。当初，我们从被围困的奥斯坦基诺准备出行，我们那些印有意大利签证的护照在阿列克谢的办公室里放着，在攻战中险些被烧掉，差点导致计划的流产。总之，我们感觉就像是行走在刀刃上。我们询问布罗茨基他当时的感受。

布罗茨基：

当莫斯科爆发这些事件的时候，我已经在意大利了。这一切在当地引起了人们的广泛关注。我跟其他人一样，从电视里得知，我还写了两行诗，任尼亚说我写得相当冷漠。

我们活到了这一天：亲眼见证

阴谋肆虐，电视塔被卡车围攻。

我自然有些激动。我给莱茵打电话，询问他处境如何，这个傻瓜是否还在大街上奔走。我担心他遭遇不测。我还给另一位友人打电话，他没在家，这让我有点不安。

然而我确信，这一切很快就会结束。看来，我没有感受到生活在莫斯科的人的那种恐惧。我多少预料到了那些事件的最终结局。阿赫玛托娃在 20 世纪 60 年代说过："我和赫鲁晓夫是一伙的。"哦，她只是有一点感谢他，主要是因为他解放了大量的人，给了那些人以遮风避雨的房间。在今天，我可以在一定程度上……不负责任地说，我是叶利钦那伙的。我想，此人做的，都是在那种条件下的无奈之举。我希望，他能够设法应付所有这些事情。我没有什么可害怕的。对躲起来搞阴谋诡计的某些人，我是非常厌恶的。

但是，如果你们想让我再就俄罗斯的政治形势多说一些的话，我要说一个简单的东西——我觉得，在我心爱祖国的政治生活中存在的一切混乱，大致都可以归结为下面这种情况。在整个七十年间，有一批优秀人物，他们千方百计地抵制正在发生的一切，但他们谁都未曾想到去从事捷克斯洛伐克共和国第一任总统、历史学家、哲学家马萨里克[1]曾经想到的事。他仅仅是制定了宪法。

顺便说一下，我曾在华盛顿出席过一次会议。当时我是美国国会图书馆的桂冠诗人[2]，出席了美国国会将这个宪法的原件转交给瓦茨拉夫·哈维尔[3]的仪式。不过，这不是重点。

当发生这样的事件，譬如总统解散国会——至少在西方是如此，在俄罗斯也是如此——会给人以发生了国家政变的印象。然而并非如此。只有在有国家政权体制的情况下才可能发生政变。实际上要确立这样的国家体制，确立所有这些滞后物——国家永远是滞后物——这些法制条款需要数十年。所以，在一定时间内，祖国版图上的政治生活将带有鲜明的狂热而又紧张的特征。

我问我们多年前在巴黎共同的老熟人列尼亚·延京，问他为什么离开。他说："我研读了宪法。"他或许是唯一研读过宪法的人。他有大量的空闲时间。因为与加兰斯科

---

[1] 马萨里克（1850—1937），1918—1935 年任捷克总统。
[2] 桂冠诗人是由美国国会图书馆自 1985 年开始设立的一项荣誉头衔，每届任期一年，可连任一年。布罗茨基是 1991 年的桂冠诗人。——原注
[3] 瓦茨拉夫·哈维尔（1936—2011），捷克作家、剧作家。捷克斯洛伐克最后一位总统，捷克与斯洛伐克分离后的第一任总统。

夫[1]和金兹堡[2]的友谊，他被关押了起来。恰好这时候出台了勃列日涅夫宪法。

＊　　＊　　＊

莱茵指出，我们在斯大林时期也有非常好的，由布哈林起草的宪法。这其中的问题不在于文本——最好的书面上的法律也改变不了社会上的状况……

布罗茨基：

它在你这一代改变不了社会状况。在我这一代也一样。在咱们孩子们那一代可能也如此。但它能够改变咱们孙辈的社会生活。这一点应该记住。当列宁格勒改名为圣彼得堡时，有人问我："您将如何称呼这座城市？""在这种情况下，您有什么感觉？""这多么离奇呀——叫圣彼得堡。"是的，对于我来说，这很离奇。对于你来说，也很离奇。但是，对于那些此刻十至十二岁的人，他们写"圣

---

[1]　加兰斯科夫（1939—1972），苏联诗人，1967 年被捕。
[2]　金兹堡（1906—1977），著名女作家，犹太人。曾两次被捕、劳改。1956 年恢复名誉。

彼得堡"时则不会再产生任何怀旧的感觉。应当为他们想一想。

对于我们这一代人，也许，对于现在三十到三十五岁的人，它将依然是列宁格勒。它已经成了列宁格勒，哪怕仅仅是因为，有多少人正是为了列宁格勒而献出了自己的生命。这可以为这个名称辩护。但它只是历史的一个阶段，是历史的一个瞬间。而历史不是单色的，它还在继续，时间在前进。对于下一代人来说，长眠在皮斯卡列夫斯基墓地里的人已经什么都不是了，对吧？他们，一代又一代的后人们，将有充分的权利以他们热爱的名字称呼这座城市。

　　　　　　　　　　　　　　与布罗茨基漫步威尼斯

11

天主教小教堂．另一个维度

　　珍惜不久前写成的东西，这很正常。也有一些在这儿在那儿写成的诗，我非常喜欢。譬如，不知为何，我很喜欢《十二月，在佛罗伦萨》。在那儿发生过一些事。你永远也搞不清楚，到底是怎么回事。就像阿赫玛托娃说的："每个读者都是一个秘密。"而且，这个秘密你永远也不能破解，也不应该将其破解。

（引自录音）

布罗茨基：

很多很多年以前——我估计如果没有十五年，大概也有十年了——我在某本诗选中读到过……那时候我都是用英语阅读。在某本希腊诗选中，也就是希腊神话——那里除荷马外还有许多人——读到塔兰托城[1]的莱翁尼德的一首短诗。确切的我不记得了。是一首简短的小诗。他写道："在自己的生命历程中，/请努力模仿时间吧。/不要提高嗓门，/也无须大发雷霆。/如果你不能完成这个命令，这个要求，/也不要难过，/因为当你躺进大地下面之后就会沉默，/你就会用自身来提示时光。"

于是我想，不管怎样，诗歌还是应该用自身来提示它利用的是什么。就是——时间。对吧？这就是时间，它就是这样：它总是嘀—嗒，嘀—嗒，嘀—嗒……它不能嘀！嗒！

如果我们议论所有这些事——关于网球场上的抽球[2]，关于紧张状态和单声调……有诗歌的格律、俄语诗的格律、一般诗歌的格律……格律之所以是格律，就是与所有的诗歌有关，与所有的文学有关。在诗歌中单声调给人的

---

[1]　意大利南方城市。
[2]　打乒乓球、网球等时，用球拍带提拉动作猛烈击球。

感受更强烈。这个意义上五音步抑扬格更突出，也就是在于它承载着什么……

譬如，当你突然听到这个：

> 这里的一切将比我活得更长久，
> 就连那些破旧的鸟巢，
> 这空气，春天的空气，
> 它刚好完成了一次越海飞行。

接着请看，那里又发生了什么：

> 永恒的声音在召唤
> 包含着来自异域的顽强……

她[1]突然又写道："在盛开的樱桃花的上方"……正在开花的樱桃树，按照自己的……按照自己的规律，目视可见的或下意识的规律——这是某种积极的现象，是吧？可是，内在的韵律把这一切都排除掉了。词语就那么简单地被陈列了出来，字母就摆在那儿。"在盛开的樱桃花的上

---

[1]　指阿赫玛托娃。这里谈的是她的诗集《滨海十四行诗》中的两首诗。

方"……这里恰好有单调感，是吧？

在盛开的樱桃花的上方，
月亮挥洒着轻盈的光。

道路显得那样轻松，
在碧绿的密林里发着银光，
我说不出它通向何方……

树干的缝隙间显得更亮，
一切都宛如林荫小路
贴近皇村里的池塘。

*　　*　　*

在某个瞬间，莱茵开始跟布罗茨基一起朗诵，可结束时他们已经是各读各的了。阿赫玛托娃的诗在意大利教堂里嗡嗡地回响着，近似于祈祷的感觉。他们仿佛回到了自己青年时代的城市。正如布罗茨基指出的那样，他们进行了一场"或许是世界上最重要的谈话"。

"我骄傲，因为在文学界，我可能是唯一在一行诗中写进了五音步抑扬格的人……在一行中塞进了十个词的人。也许是九个词。我没数过。'约翰·邓恩睡着了，周围的一切都进入了梦乡。'"

莱茵问道，作为一个诗人，他是否厌烦了这种四音步抑扬格的诗行。

布罗茨基回答道：是厌烦了。虽说偶尔还可以利用一下，但作为格律，它太像是哭诉，其中有太多的哀怨。莱茵指出，俄罗斯诗律学中有一个猜想，就是在四音步诗歌中放入了比较自然的语调。

布罗茨基：

这里没有什么特殊的猜想。问题是……这一切你知道得很清楚，一点也不比我差，也许在一定程度上还要比我强。问题在于有一些四音步迷，四音步迷。

四音步迷的人数之巨，这在很大程度上引诱着你，让你出于惰性而采取更通用的规则。

有两种同其作斗争的方法。有一种同其作斗争的好方法……要知道，一般来说，俄国诗歌是这样开始的：你记得吧，罗蒙诺索夫[1]是如何对待四音步诗人的呢？自然，他受到了德国诗学的巨大影响。罗蒙诺索夫利用了这种四音步格律，但他使用的是阳韵。这件事引发了他与其同时代所有诗人之间的冲突。而主要的斗争是在苏马罗科夫与罗蒙诺索夫之间展开的。我认为，对于俄国诗学来说悲剧的是，苏马罗科夫赢得了这场斗争。其同时代人，及其所有后来者，都拒绝阳韵。于是，他们就走上了这个和谐的柔软的方向，走向了四音步与阴韵结尾的多变的方向。

问题在于，四音步与阳韵给作者许多约束，更不必说读者了。与此同时，对使用阴韵的四音步诗人却予以谅解。

伴随着四音步诗人的还有一个巨大危险，特别是他们用俄语撰写双音节韵或者阳韵诗歌的时候——就是将其搞成英国或德国的叙事诗的危险。于是就开始："叭—叭姆，叭—叭姆，叭—叭姆，叭—叭姆。"

---

[1]　罗蒙诺索夫（1711—1765），俄国百科全书式的科学家、语言学家、哲学家和诗人，被誉为"俄国科学史上的彼得大帝"，也是现代俄罗斯标准语的奠基人。

12

帝国的事情

那天下雨，雨水注满了运河，也浇湿了路人。威尼斯人撑开五颜六色的雨伞，在桥上小心翼翼地绕过我们，尽量不碰到镜头。我们问他，威尼斯人怎么样，在几代人之间有没有变化？是否存在着威尼斯性格？他说，他难以回答。男人，通常都多少有一点精神变态。而威尼斯女人嘛……

你们知道，我不允许自己泛泛地议论这里的人们。我唯一能说的是大家或多或少都认识的那些人。说到底，他们有十几万人口，如果连同所有岛上的人的话。所以，你们就生活在所有人的注视下嘛。并不是我有某些特别关系密切的熟人。

我在这里只是过客。不过，那些出生在威尼斯的人，与他们的双亲、祖父、曾祖父辈一样，他们力争尽快离开这里，到别的什么地方去——因为这里工作很少。这是一种惊人的心理状态，有点像身为漂亮女人却认为自己是丑八怪。要知道，这种现象是大量存在的。在威尼斯人当中也是如此——他们认为这是个无聊的地方。认为大海的那边牝牛犊很便宜，他们花不了几个钱便能搞到手。于是他们竞相出门，尤其是年轻人。

在二十年间，我有了一些相识的威尼斯人，男的女的都有。我不说"很多"，因为你来这里的时间越短，建立人际关系就越复杂，或者相反——越简单。但这种关系属于一般关系……一般说来，它不能长久，下一次来，这些人你就见不到了。此刻我在威尼斯漫步，内心总有点紧张，因为说不定有什么人会从角落里跳出来，扑过来，或者像任尼亚说的那样，"怀里还揣着个婴儿"。这有一点夸张，但也并非完全不可能。我认识当地的一些贵族，认识三四个神父，不过都是些老人，他们在教堂里工作。这里我还认识谁呢？认识一些服务生。认识一些美国人。确实，现在美国人的数量开始减少，因为他们的经济状况逐渐恶化，已经不能负担这里的生活。我认识各式各样的美国人，我尽量不见他们，因为这是公共场合……还有一位意大利作家，相当可爱，相当能干，是卡尔维诺安排的亲信。除去他身上那些吸引我的品质之外，他还是个飞艇爱好者。于是我和他迅速找到了某种共同的语言……顺便提一句，伊塔洛·卡尔维诺有一本书，《看不见的城市》被译为 *Le città invisibili*。这是20世纪的最好的书。里面的情节相当简单——马可·波罗来到库布拉汗的皇宫。这很像是《一千零一夜》。库布拉汗请马可·波罗谈他在中国十年或二十年间的见闻。马可·波罗便开始给他讲。全都是胡编乱造！那里是些漂浮在水面上的城市，还有悬浮在空中的城市，城里面一切都是斜对角的，等等……

可以说，在威尼斯有两三个人我非常珍视。其中之一就是罗伯特·摩尔根。

（引自录音）

*　　*　　*

罗伯特·摩尔根数次参加拍摄。他不懂俄语，在我们没完没了的座谈中他总是微笑，似乎在想自己的事。他偶尔与布罗茨基用英语简短交谈几句，不在拍摄的时候，我们在咖啡馆里坐一坐，布罗茨基便把他认为有趣的对话逐句翻译给他听。

就在那个阴雨天，在桥上，他出现在了镜头之中。看来，布罗茨基想把威尼斯的朋友介绍给大家："请看这位绅士，他叫罗伯特·摩尔根。他是位美国艺术家，已经在威尼斯生活了二十年。他跟我一样，常住在这里。他来这里的时候我也来了。不过他留了下来，我却没能做到。这一点对他来说也不容易，因为……主要出于经济上的考虑。但他最终在这里定居了。《水印》一书就是献给他的。当我要问什么，当我有什么不明白的时候就来找他——他什么都知道。这个人什么都知道。"

布罗茨基要带我们到他选中拍摄影片《今天》的地方去，距目的地还有半小时的路程，他开始给我们讲述："他还认识一个出售住宅的人。他的办事处在拐角的那一面。我们找到这个住宅了，就是这座房子。就是这个门，是吧？我非常想在威尼斯给自己搞一套住宅。然而这不过是一种偏执而已。至今依然如此。这座房子确实好，哪怕仅仅因为坐落在运河上……这里安静得吓人，这在威尼斯是极其罕见的。这里的一切都因运河而结束，它像是一个死胡同。在这里可以停泊自己的小船。你看，就像那只。""您想有一只自己的小船吧？"廖沙问。"非常想。""您会划船吗？""是，我会。我善于做这些事……有一次我们和罗伯特去旅游，驾一条小船，还有几支极其滑稽的桨。你就这样子站着……像一条独木舟。我们顺流而去划过了整个威尼斯，还从湖当中穿过。这是相当美好的回忆。我们到了潟湖，围绕着圣米凯莱岛漂流。这是个封闭的地方，在这里不可能遭遇风暴。但有可能遇上很恶劣的天气。那样会异常潮湿，很不舒服……看，这条小河直接通向大运河。你乘飞机而来，在机场坐上摩托艇，带上自己的破烂东西，飞一般爬上二层，那里的住宅简直棒极啦！只可惜……那是哪一年？上帝啊，我没记住。大概是1980年，还是1981年，那时候我根本弄不到这样一笔巨款，买房的计划也就全都泡汤了……总之，这座房子就是我在威尼斯无法实现的住宅梦。"

布罗茨基：

要拍了吗？开始的话告诉我一声！

对一个俄国人来说，最有趣的不在这里，而在你们背后。圣米凯莱墓地就在那儿，在那儿安息着斯特拉文斯基和佳吉列夫。这条运河就通向圣米凯莱岛。"运河流向哪儿，斯特拉文斯基便去向哪儿。"在这个广场上有圣乔瓦尼与保罗大教堂，自然啦，他们是两位圣者。还有圣乔瓦尼与保罗小医院。这座医院的建筑最初用于圣马可学院，一批画家与建筑师在这里工作。韦罗基奥[1]受托建造这座广场中心的雕像的时候，他们说要将其放置在圣马可广场。他被骗了，雕像没有放在威尼斯的主要广场上，而是放在了这里，与圣马可学院并列。他非常生气，懊恼。在我们的历史教科书中这座雕像总被提到，也就是说，在我上中学的时候——这还不太久远——它被称作"雇佣兵队长雕像"。实际上这是巴托洛米奥·科莱奥尼雕像。不过，这并不重要。还要给你们讲什么呢？这里什么帝国的东西都没有，不过是很好的广场（пьяцца）而已。但是现在这个圣马可学院变成了医院。这是个相当好的归宿，因为它距离墓地很近。

* * *

"这里没有任何帝国的东西"……我们和他站在这座桥上，仔细观看乔瓦尼和保罗大教堂，以及那座威尼斯共和国全盛时期的传奇军事长官雇佣兵队长的高傲的雕像（确实，他或在威尼斯面向米兰肃立，或在米兰面向威尼斯肃立），于是就有了关于布罗茨基对帝国态度的谈话。

---

[1]　韦罗基奥（1435/1436—1488），意大利雕塑家、画家。

廖沙问道："在一篇关于您的文章中写道，您是一位帝国人物，您有鲜明表达的帝国诗歌。您如何看待这件事呢？"布罗茨基答道："我不知道该如何看待这件事。""啊，那么您个人对帝国崩溃的态度呢？"

布罗茨基：

我对这个问题的态度确切些说是肯定的、正面的，因为我想，人或行政管理机关的作用半径越小，他们就越是高效。就是说，一个人知道他在自己的村子里该做什么，甚至，知道在自己的城市里他该做些什么。可是，如果到了一个省、一个州，当他开始掌控大规模的区域，更不必说整个国家了——他的胸膛就会充满抒情冲动，他就要开始运用手或其他身体部位，施加于诸多方面，从而带来相当大的危害。我想，世界的未来，一般来说，就蕴含在区域主义之中。是吧？这便是我所想到的。

希绍夫：

那您感到惋惜吗？

布罗茨基：

我惋惜我的青春。然而，对于帝国这样的庞然大物，我不感到特别惋惜。因为我认为，使人联合起来的不是政治体制，也不是行政体制，而是语言。俄语曾经就像是帝国的……帝国联合的工具，将来也依然如此。在二百年或三百年间，俄语在一定程度上起到了当年希腊语在希腊化时代的作用，拉丁语在罗马帝国中的作用和英语在今天的作用。虽然不列颠帝国崩溃了，但英语还在全世界流行。甚至连我还在说它！这就是对您的帝国问题的回答。也就是说，我有双重帝国的处世态度，它是建立在英语和俄语基础上的，或建立在俄语和英语基础上的。可以把我称为双头鹰。

13

莫斯科.纽约.彼得堡

布罗茨基：

你们知道，首都，世界上所有的首都，与它们所代表的那些国家，有着微乎其微的关系。彼得堡在任何情况下都不是例外。莫斯科也并不能代表俄罗斯。它成为俄罗斯的"代表"就是因为自己那几个火车站。于是，它就是俄罗斯了。一般来说，国家总是开始于……俄国开始于火车站。

你们问我，我是否爱莫斯科。对它，我没有什么积极的态度。不过，对莫斯科的某些部分，我还是很珍视的。"一些沿山而下的街巷"，这是莱茵笔下的莫斯科。对我来说，莫斯科便由此开始。莱茵确实是"两首都的无所适从的居民"。

这是一座美好的城市，我在这里度过了自己生命的某些部分。我去那儿一般都是为了挣钱，就是去出版社，因为在故乡，任何人任何时候都没有给过我工作，而在莫斯科却有过。对于我来说，莫斯科首先是和巨大的超地域性的感觉联系在一起的。也就是说，你有时候要在这座城市里过居无定所的生活。各种各样的住宅，以及与此有关的随时出现的罕见状况，等等。但是，在莫斯科确实有一些对我来说异常珍贵的地方。季申卡，我在那里住过许多次，因为那里住着一个我非常热爱的人，就是米卡·戈雷舍夫。他就住在季申斯卡雅广场那边，正对着市场，在出租车站对面，在一栋有药店的大楼里。他就住在药店的楼上。在这座大楼里发生过——对我来说——形形色色的重大事件。啊，莫斯科的某些街区是多么出色呀，每当我想到这里便感慨良多。比如说，那个奥尔登卡，阿尔多夫大楼，那是阿赫玛托娃在莫斯科居住的地方。

*   *   *

那时候我们觉得——即便是现在我也觉得——在世界

上所有城市当中，最与莫斯科相称的城市就是纽约，城市的节奏、风格与居民的混杂程度，还有许多其他方面。在纽约生活多年之后，他是否看到了这种相似呢？

布罗茨基：

没有，没有，完全没有。在纽约的某些地方，从东区第 80 大街开始，在东侧，在哥伦比亚大学那面，和哈莱姆那面，确实能使人产生一点莫斯科的感觉，因为那儿的房子大约与奥霍特内市场上的房子高矮相同，规格也相差无几。由此可能会产生一种相似的感觉，但不会比这更多了。这完全是另一座城市，有另一种节奏，有另一种风格。除此之外，在纽约立面圆柱非常少。这里都有，这一切像是巨大的，玩到极致的魔方游戏，而且还是毫无条理的魔方。因为这座城市建得毫无计划，像是想怎么建就怎么建，就像是有谁把钱随便往桌子上一扔。于是，便成了这个样子。那里没有默契配合的理念，没有街区意识……所有这些都是偶然产生的，说粗俗点就是为了应急，很可能就是受迫于财政状况。当你看到百老汇大街那边，从第 80 大街或从第 90 大街开始，到第 116 大街——这确实有点莫斯科的感觉，有奥霍特内市场的感觉，或者某种我也形容不出的感觉。但这不是莫斯科最好的那部分。那里没有莫斯科那样的独栋公馆。因为不允许建造。即便是经过了许可，甚至已经在市中心建起了一座花园住宅，在五十到一百年后，这一切也都被将拆掉，让它见鬼去了。可能已建起了摩天大楼。或者，是某个商业上比较实惠的东西。此外，这里不像莫斯科，还有一个原因——曼哈顿是个岛。

就理念来说，纽约就是瓦西里岛。当然啦！有轨道交通线和大街。不过，那里的大街要多一些，比这里的林荫道规模要大一些。你们知道，其实纽约之所以曾叫作新阿姆斯特丹，是因为它就是遵照阿姆斯特丹的原则建造的，跟圣彼得堡一样。这其中有许多相似之处。当我从自己家里走出来，至少在十九年或二十年间，当我从自己家里出来，向哈得孙河走去，往这个河岸一看——这就是小奥赫塔，只不过那儿有一座自由女神雕像而已。

在炮台公园有轮渡通向纽约的另一个区——斯塔滕岛。你们知道，这像哪儿吗？像瓦西里岛的浅岬，只是要稍稍宽阔些。而那里立刻就是大洋了。在纽约这个城市里散步的时候，你们会走到一个相当宽阔的地方，那里立刻就展现出一片全景图。你们看到空中有大量的飞机、直升机，远比鸟儿多。

"海鸥正在港湾里死去"……海鸥，非常漂亮的鸟，但你对它们很难有积极的情感。你们近距离看过海鸥吗？在莫斯科你们也同样能看到。虽然欧洲海鸥比美洲大西洋海鸥要小……近距离观察的话，它的眼睛相当不好看。此外，它的啼叫声也很吓人。

我心爱的鸟是麻雀。莱茵说过："我是街心花园里的灰色小鸟。"这是一行极美的诗，也许，它是 20 世纪俄罗斯诗歌中最美的诗行。

14

请相信电影

我本可以把这部纪录片拍得更好些。

（引自录音）

我想，他愿意尝试生活中的一切。他确实是来工作的，来拍纪录片。当他看到某个镜头，有时会脱口而出："喂，伙伴们，这个怎么能不拍上啊！看，你们漏掉什么啦！"虽然，说老实话，什么大事也没有—— 一个镜头又一个镜头，威尼斯到处美不胜收。他喜欢在拍摄中突然发生点计划外的什么事，因为这就是生活——他正在朗诵诗的时候，小教堂里突然响起了电话铃声，或者端着永远不变的格拉帕葡萄酒的服务生走进了镜头，打断了关于俄罗斯命运的对话。布罗茨基解释道:"请相信电影。"在桥头大理石长凳上休息的那个男人有点像《圣经》里的流浪汉,他对莱茵说:"他完全可以饰演熟睡中的苏格拉底。或者西勒诺斯[1]。"可他不让给流浪汉特写:"不要,不要,不要。假如我处于摄像的位置上,我会站起来,为他把脸洗干净。"

开始拍摄的第一天,在我们向不可救药的堤岸走去的时候,我们谈起了西方的电影,谈它如何影响了他们那一代人。他们看到的西方电影都是断断续续的,就像偷尝禁果那样,就像从那个未知的宝贵世界中一闪而过的幽灵。他们只看过十集《人猿泰山》中的四集。这一切结束于维斯孔蒂[2]的电影《死于威尼斯》。布罗茨基说:"这部电影不好,但开头部分却是绝佳的。就是当主人公乘坐瓦波列托小船漂流的时候。这段水平如此之高,使得后面所有的镜头,所有的一切都必须朝那儿倾斜。"

我们来到威尼斯的时候,在格拉西宫正举办莫迪利亚尼[3]画展,展出的是他的密友波利·亚历山大的藏品。那里面有莫迪利亚尼早期的整套画作。布罗茨基和莱茵看到其中有画像与阿赫玛托娃很相似。布罗茨基产生了一部纪

---

[1] 西勒诺斯,希腊神话中的人物。
[2] 维斯孔蒂(1906—1976),意大利导演。
[3] 莫迪利亚尼(1884—1920),意大利画家。

录片的灵感，给我们讲了他的想法，不过我们最终还是没有把它拍出来。

　　我有个绝妙的想法，可以拍一部绝对天才的纪录片。事情是这样的，阿赫玛托娃有一部关于莫迪利亚尼的回忆录。她给我看，我读了一遍，她问："约瑟夫，您觉得怎么样？"我说："这是《罗密欧与朱丽叶》在皇室中人的演绎版。"可以说，这是绝妙的结合。并且，这个结合持续了——往好里说，一个月。我不记得这是在哪一年了，可能在1911年，也许是在别的哪一年……要是能拍出来就好了，材料相当多。她总是强调，莫迪利亚尼画有28幅，或者是18幅她的画像。但是，其中17幅被赤卫军战士卷烟抽了，她那儿只剩下1幅，至今还在她所有诗集中被不断复制。这的确如此。但是，现在看来，在格拉西宫里还保存着另外一些东西，它们还能再释放出一些光辉来。所以能成就一件非常好的事情。我很想派一个人去巴黎，找一找，看看这些房子在哪里。要是能找到就太棒啦。她还给我讲过一个很有意思的细节。她曾和古米廖夫一起去过某家饭店，同行的还有布莱里奥[1]。看来，古

----

[1]　布莱里奥（1872—1936），法国飞行员、飞机设计师。

米廖夫这位伟大的飞行员。在这间饭店里，他们围坐在一起，天南海北地闲聊。阿赫玛托娃当时穿着刚买的新鞋。她在桌子下面脱下鞋，因为鞋挤脚。他们说东说西，后来回到各自住的旅馆。我也不知道他们住在哪儿，这本来很容易就能找到的。她在一只鞋里发现了布莱里奥的一张名片。事情就是这样有趣。他们同一些不可思议的人见了面。我认为可以拍一部纪录片。何况莫迪利亚尼还有画像，叫作《男人和女人》，或者《一对夫妇》。在这幅画上，我绝对相信——那上面画的不是随便哪个男人和女人，正是古米廖夫和阿赫玛托娃。不过，我第一次见到这幅画是在斯基拉出版社，那时候阿赫玛托娃已经不在人世，我不可能再问她。而其他任何人都回答不出到底是不是。在这些关于莫迪利亚尼的回忆中，她记得他们去过地方的准确位置、不同地方之间的距离，以及他们是如何见面的。所以，可以拍一部相当好的影片，它会非常写实，就像人们常说的 sophisticated（复杂巧妙）……这是我今天早晨突然想到的，我简直不想起床，心想这可是个好本子啊。对，黑白片。里面还要有解说词。

（引自录音）

他的镜头感简直惊人，对每个镜头的拍摄都百分之百地投入。他在任何场景中都善于保持自我，在镜头里也是如此。当他在鱼市上用意大利语和商贩们聊天时，当他买了一兜葡萄，在自己眼前举起葡萄串时，他哈哈大笑，说："我是酒神狄奥尼索斯！"当他在桥上把玩葡萄粒时，则说："任卡，你会这样玩吗？往上抛，再把它接住？"……

总之，他身上有某种马龙·白兰度似的东西。也许，只是我当时这样觉得。

15

可有可无的一章

有一次，我和法乌斯特在威尼斯——许是我第一次，或第二次来这里的事——一起去买了两顶"博萨利诺"帽子，还照了相。我们去了圣马可广场，走到个体摄影师跟前，请他给我们拍照。有照相馆，但当时都已打烊。我把照片寄给了父亲。据说，照片被父亲挂在床头。看来，父亲喜欢我戴着帽子。法乌斯特的帽子还保存着，可我的不知道哪儿去了，我把它丢了。

（引自录音）

保存着"博萨利诺"帽子的法乌斯特是什么人，二十年后，当我在"布罗茨基日"来到伊斯基亚岛之后才得知。[1]这座岛通过法乌斯特·马利科瓦蒂与布罗茨基联系在了一起。法乌斯特在本地出生，是斯拉夫学家，是布罗茨基在列宁格勒时期的朋友。60年代法乌斯特在大学实习，他父母家离阿拉贡要塞仅两步远。布罗茨基来到伊斯基亚后，就下榻于第勒尼安海边。第一次见面是在1983年：

> 马利科瓦蒂的酒窖壁槽真美好……
> 可是有点糟——家里的床太小。

第二次来，他带着妻子玛丽亚和小女儿，是在1993年秋天。也就是在我们拍摄纪录片之前不久。

> 女儿与妻子在一起，扶着柱形栏杆
> 向远处眺望，看着钢琴
> 船帆……

这是《十月的伊斯基亚岛》中的诗句，当时写着献给

---

[1]　指作者于2013年参加"布罗茨基在伊斯基亚岛"奖（Brodsky on Ischia Prize）颁奖典礼一事。该奖项创立于2013年，向意大利伊斯基亚岛著名记者和文化人物颁发。获奖者名单于布罗茨基生日这一天公布。

法乌斯特·马利科瓦蒂。《海岛是命运的变体》也出自伊斯基亚岛。奥登曾在这个岛上住过，在他之前是维吉尔[1]。这首诗也在我们的胶片上留下了踪迹。"《伊斯基亚》你喜欢吗？"布罗茨基问莱茵。显然，布罗茨基给他看了前不久才写的诗："读一读这几首诗吧，是我写给你的。你会看到那里面有一些很出色的诗。"

在胶片上——录像带和录音带上——保存着某些谈话片段，一些转瞬即逝的思想，一些话语……

我看到了这段生活中令人震惊的东西！我乘快艇来到墨西拿，那里有一个小民族博物馆。在博物馆里我看到了自己一生中所见到的最神奇的画。那里有两幅卡拉瓦乔[2]的倒数第二批作品。《圣者拉扎尔》[3]和《拉扎尔的复活》。任卡！再没有比这更完美的啦……我和法乌斯特来过，我把法乌斯特领到了这组画前面，他当即被震撼了。我也如此。

* * *

---

[1]　维吉尔（前70—前19），古罗马诗人。
[2]　卡拉瓦乔（1573—1610），意大利画家。
[3]　拉扎尔（1329—1389），塞尔维亚大公。

啊，LM牌雪茄！你知道谁吸过这些雪茄吗？因为这种雪茄，我第一次得了血管栓塞。是的，很刺鼻。奥登也吸了。当看到他在吸LM时，我就明白，我也应该吸LM。我便马上开始吸LM。结果很糟糕。

* * *

我甚至有了这样的念头，虽然后来放弃了——让他们给我在教室里摆上沙发，我就可以躺在沙发上……

* * *

你知道文学一般怎样分类吗？这要看人们写作是为了自己，还是为了其他什么——为了文学本身。就看你是爱自己，还是更爱别的什么东西。

* * *

这是威尼斯我最爱的地方，尤其是不下雨的时候。斯福尔扎城堡。你们走过这座桥，顺着这些小街道走，就能找到通向它的路。你们坐在那里，看一切都如何从旁边漂移而过。好看极了。

*　　*　　*

你好哇，同时代人，

年轻的不相识的一代！我将无缘

看到你那强大的晚年时光……

　　就是这个"我将无缘"……应该把它放在一行诗的末尾！

*　　*　　*

　　我与曼[1]的关系相当不好，这有多方面的原因。起初是我不好。我读了《布登勃洛克一家》——当然，这是灵感的充分勃发，是天才的作品。可是后来的局面是，我到了北方，雅沙·戈尔金[2]把刚出版的《约瑟和他的兄弟们》寄给了我。然后又是《浮士德博士》。于是我多少明白了，这是一位什么样的先生。这是异常有趣的德国现象。这是缺心少肺，用俄国话来说，大概可以代之以智力过剩。也

---

[1]　托马斯·曼（1875—1955），德国作家，1929年获诺贝尔文学奖。下面提及的都是他的作品。

[2]　雅科夫·戈尔金（1935— ），苏联作家，布罗茨基的朋友。

可以说，这是一种真空，需要用智力结构来填充。应该说，这是很难容忍的。

*   *   *

可是在这里，在这些威尼斯的小巷里，则已经是典型的意大利了。这倒是更像意大利的南方——那不勒斯之类的城市。他们主要在生产什么——湿床单子。他们就把它们挂在窗口晾干……顺便说一下，在这条堤岸上，有一家"加勒里埃里"饭店。当我从伊斯坦布尔回到这里时，就住在这里，开始写《逃出拜占庭》。

*   *   *

在俄罗斯总还是有些什么的，这要感谢空间和大自然。在很大程度上，这是人们对绿色、灰绿色，以及对军装便服情有独钟的前提。因为无论如何，军装便服的颜色同大自然的颜色是和谐的。所以当你的扣子闪闪发光，肩头上有绿色的东西，你便感到自己不仅是国家秩序的一部分，还是大自然的一部分，仿佛你是由万物的自然规律来决定的。

*　　*　　*

威尼斯在美食方面也很出色，就跟它在视觉感观上
一样。

*　　*　　*

这是茨维塔耶娃的诗……有个天才的结尾。

> 在诀别的最后时刻
> 他们转向了星空——
> 即将灭绝的种族，
> 谢谢你！

相互关系就应当是这样的。至于他们在床上能干什
么，耍什么花招——这些并不重要。

*　　*　　*

我在工厂里的第一个师傅是科索罗托夫，第一位侦查

员是克里沃舍因，而第一位出版人则是科索拉波夫[1]。

＊　　＊　　＊

西方因何而惊人，因何而罕见，就是历史的连续性。唯有这个令人惊讶，它使俄罗斯人产生叹为观止的印象。

＊　　＊　　＊

我曾经写过，当你在威尼斯早晨一觉醒来，进入寒冷的冬日时，应该做些什么。首先要去喝咖啡。然后喝一杯马尔萨拉甜葡萄酒，经过两三座桥再去喝格拉帕。这样你就为全天攒足了能量。

＊　　＊　　＊

那么，此刻咱们走到哪儿啦——这里是被称作圣彼得-卡泰洛的地方。现在这里是威尼斯最贫穷荒凉的区。最初，整个威尼斯就是从这个区开始建起来的，这是它的海港和工人区。其实，这里有威尼斯建造的第一座大教

---

[1] 三个姓氏含义分别为"歪嘴""歪脖子""内翻足"。

堂，它比你在市中心看到的那些教堂都要早……它的立面已经经过改建。其实它是座修道院，里面有修士。我有一首完整的诗，叫《圣彼得》，就是写这座圣彼得修道院的，而不是写其他的什么……

* * *

折腾到这时候了，你还没见到血肠。等你看到就会明白，为什么如此众多的人会受到吸引。你会大吃一惊，会立刻收手。就是说，你不能越过某个界限。就是说，你须明白，如果你用力过度，就会把手指弄出血，就会致残。

* * *

我喜欢在威尼斯的鱼市上溜达。纽约也有个很大的鱼市，在美感上逊色许多，在工业化方面则要强许多。看，这是软体动物，我们称作乌贼，或叫墨鱼。你知道吗，蒙塔莱[1]的第一本诗集叫什么？ *Ossi di sepia*，《墨鱼骨》。可是墨鱼没有骨头。那么为什么会有这么个名称呢？这是矛

---

[1] 埃乌杰尼奥·蒙塔莱（1896—1981），意大利诗人，隐逸派的代表。代表作有《萨图拉》等。1975年获诺贝尔文学奖。

盾修饰法。蒙塔莱还有一首很优秀的诗作《鳗鱼》。他一直认为，鳗鱼是从北方来到意大利的……

*　　*　　*

噢，我不能说了解这里的每一块石头，但还是知道些什么的……你或者读到过，或者听说过，或者认识某位住在这里的什么人给你讲过些什么。就在这座宫殿里，奥地利人在这里的时候，这里是他们主要的司令部。在这里的三角门梁上，你们还可以勉强认出来哥特字体。哦，你们注意点，否则，之后还要问这是什么。这是皇宫，亨利·詹姆斯[1]在这里住过。很有意思，如果你认识这个人，认识亨利·詹姆斯，读过他的……总的来说，还是有点意思的。甚至有时候可以进到里面去看一看。可以设想一下，这位先生是如何理解的，这么多条腿是从哪儿长出来的。不，他们都在这座城市里生活过。譬如，我可以指给你看，佩戈莱西在哪座房子里住过，莫扎特在哪座房子里下榻过。如果你们一定要了解威尼斯，我推荐读普鲁斯特。他写过许多关于威尼斯的文章。其中就有关于威尼斯写得最好的东西。

---

[1]　亨利·詹姆斯（1843—1916），美国作家。

*　　*　　*

　　希腊人有个说法：上帝在任何时候都能进入你的体内，如果祂愿意的话，但为此需要经过净化。那么，譬如，戏剧怎么样？戏剧是什么呢？戏剧是群众性自我净化的一种形式。再譬如，奥林匹克运动会也是这样。当你说"哎呀"的时候，这也是一种净化。这一切其实很简单，最主要的错误就是我们所犯的存在主义的错误——我们是透过一神教的三棱镜接受的。

*　　*　　*

　　这是莫契尼戈宫，莫契尼戈是威尼斯的一个家族。拜伦住在这里时写了《贝波》。我是以这种方式第一次与威尼斯相遇的——我有一位女相识，是在语文学系学习的姑娘，她正在写关于《贝波》的学年论文，这是课业要求。我和她一起读这本书。我那时很年轻。在一定程度上，我与威尼斯的缘分从这儿就开始了。

*　　*　　*

帕斯捷尔纳克从事翻译，当工作中遇到困难时，他便开始在语音学上大下工夫。我记得在《哈姆莱特》的独白中有这样的句子：To die to sleep, to sleep percbance to dreat——他能怎么办呢？没什么。所以他说："死去……入睡。做几个梦？……在那个死去的梦中还能梦见什么呢？当大地上感觉的覆盖物被掀掉之后……"你们已经认准了潜意识与其他的东西。或者："请来收尸吧……下令开枪吧。"

* * *

在这座大楼里，帕温德太太第一次遇到了斯特拉文斯基。那里甚至还有纪念牌。那座不高，白色的，尚未完工的建筑——古根海姆美术馆，里面全都是现代艺术。大量20世纪先锋派艺术作品都在威尼斯闲置着，其中有许多优秀的画作。咱们的不多，只有一些康定斯基的画。俄国画家不知为什么没有达到这个境界。真该走进去，把挂在那里的作品都拍下来。这是俄国人在其他博物馆永远都看不到的。

* * *

总的说来，我开始写诗是因为读了马尔夏克翻译的罗伯特·彭斯[1]的诗。

＊　　＊　　＊

在欧里庇得斯[2]的《阿尔克提斯》里有如下的情节，同样的情节也出现在里尔克[3]的诗里。阿波罗因为自己在群神会上的某些罪过，被众神罚去给国王阿德墨托斯放牲口。有的说是放七年，有的说放五年，或放一年，这不重要。阿德墨托斯对他很好。他不知道这就是阿波罗，以为就是来了个仆人、牧人。只是与他好好相处。后来，当阿波罗服完刑期后，向阿德墨托斯表明了自己的身份，说道："听着，阿德墨托斯，我是阿波罗。你对我非常好，所以我许诺，实现你的三个愿望。在你的一生中，如果需要什么就提出来，一切都会如愿以偿。"阿德墨托斯便提出来三个愿望。剧本从阿德墨托斯结婚开始。婚宴在阿德墨托斯的皇宫里举行。客人、亲人、父母，一切都正

1　罗伯特·彭斯（1759—1796），苏格兰诗人。
2　欧里庇得斯（前480—前406），古希腊诗人、剧作家。希腊三大悲剧大师之一。代表作品有《美狄亚》《希波吕托斯》《特洛伊妇女》等。
3　里尔克（1875—1926），奥地利诗人。代表作品有《杜伊诺哀歌》《献给俄耳甫斯的十四行诗》，日记体长篇小说《马尔特手记》等。

常进行。在婚宴正处于高潮的时候，也就是话剧的前五分钟，狼——赫耳墨斯来了。谁都没认出赫耳墨斯来，他迅速走到餐桌的首席，向阿德墨托斯俯下身子，对他悄悄耳语。他说了什么呢？"阿德墨托斯应该死去。""什么时候？""此刻。"阿德墨托斯气疯了。他开始吼叫，开始同赫耳墨斯争吵，所依仗的就是他同阿波罗的特殊关系。"不——不，我全知道，但你的三个愿望已经用完了。"于是阿德墨托斯便躺在他的脚下。简直一团糟……于是赫耳墨斯说："好吧，我现在就呼告上帝。"他就开始呼告。上帝回应了，阿波罗便说："好啦，就这样吧。但问题是谁应该占据他在地府的位置。"到底是谁呢，最有可能的是他的亲人。阿德墨托斯怎么办？他奔向自己的亲属和父母。"哎呀，说到底，你们已经享尽天年啦。"他们却说："你滚……"真是一场胡闹，欧里庇得斯的《阿尔克提斯》第一场就以此为开始——不过，这也比陀思妥耶夫斯基所写的一切都干净。这是地道的黑夜。简略地说，事情结局是未婚妻说"我走了"。她似乎已经正式成了他的妻子。她占据了他的位置。可是，帕尔赛福涅看似已经与女人联合在一起，但他不接受，把她推开了……这是震撼人心的剧本。就跟欧里庇得斯大概差不多。非常好的情节，非常好。但更有意思的是另一方面。另一方面更有意思，他非常受希腊人的喜爱——因为剧情的同时代性。也就是你必须填充冥国的真空。可能有一个人比其他所有的人更了解，知道是谁吗？就是里尔克。他还有一首诗，《俄耳甫斯、欧律狄刻和赫耳墨斯》。其中也有动人之处：俄耳甫斯转过身去的时候，欧律狄刻也转过身去了。里尔克这是在做什么呢？赫耳墨斯还看向俄耳甫斯的方向。他说："他转过身去了。"于是他也转过身去，以便跟在转身走向冥国的欧律狄刻后边。就是这个地方使你发蒙。

> **亚科维奇**：您明白吗，也有个关于您的神话。我见到您本人了——这个神话在我眼前变成了现实。
>
> **布罗茨基**：嗬，真是神话。但这个神话——与我无关，对吧？
>
> （引自录音）

* * *

实际上，他立刻并且毫无疑问地造就了天才的印象。这几乎是老生常谈，但这一印象在他身上却体现在其创作与威望之外——在每一句话、每一个手势之中。在《文学报》工作期间，我遇到过不少卓越的人物，但在私下会面时他们总让人失望。可从与布罗茨基交往的第一分钟开始，自始至终都有一个显而易见的感觉，你接触的是一位天才。我不知道他这种魅力是否从年轻时就已经开始，毕竟我们见到他已是成熟时期了。

后来，我在关于他的回忆录中读到，著名的艺术史专家亚历山大·加布里切夫斯基[1]与布罗茨基相识于20世纪60年代中期，他说：

"这是我一生中见到的最具天才的人物。"

"可是您也见到过斯坦尼斯拉夫斯基、康定斯基，甚至还有列夫·托尔斯泰呀。"有人反驳他说。

对此，加布里切夫斯基十分坦然地重复道：

"这是我一生中见到的最具天才的人物。"

---

[1] 加布里切夫斯基（1891—1968），苏联历史学家、造型艺术理论家、文学家、翻译家。

16

面对面

"如果你们到那儿，就会看到如何将他们放到送葬船上去……"他的眼睛既向内检视着自己，同时又望向潟湖，威尼斯的碧水正在那里缓缓流淌。我们站在圣匝加利亚教堂旁，这是他心爱的教堂之一。威尼斯有好几座他心爱的教堂：有维瓦尔第受洗的教堂；还有一座保存着卡尔帕乔[1]壁画的教堂，像他说的那样，他"曾劝说我们去一趟"；还有"出色的果园圣母堂，即"圣母马利亚在花园"

---

[1]　卡尔帕乔（约 1455—约 1526），意大利画家，文艺复兴早期威尼斯画派的代表。

教堂，[1]"也许我们能走到那儿，它正好离你们心爱的犹太人居住区不远"。他这是对我说的，因为我有一次问他威尼斯犹太人居住区的事。他说他可以在威尼斯没完没了地溜达，永远也不会厌烦，并非常乐意指给我们看："如果你们有时间，明天我可以带你们到各处走一走，看到的东西保证能让你们发疯。"

在圣匝加利亚教堂，他想给我们看贝利尼[2]画的《圣匝加利亚祭坛》(*San Zaccaria Altarpiece*，Мадонну с младенцем на троне и святыми Петром, Екатериной, Лючией, Иеронимом)。这幅画一度俘虏了拿破仑的心，他把画运到了巴黎，可后来又把它还回来了。就是为了这幅画，布罗茨基把我们带到了这里，到了圣匝加利亚教堂前面。但我们没能进去，因为那里正在举行葬礼。

布罗茨基：

这座教堂的立面十分奇特。因为它似乎想表达、涵盖

---

[1] 据传，教堂所在的教区曾经发生过神迹。一位几乎完全瘫痪的农民在花园入口处向圣母马利亚的神像祈祷，然后就被治愈。

[2] 贝利尼父子三人均为意大利威尼斯画派的画家：雅科布·贝利尼（1400—1470）、贞提尔·贝利尼（1429—1507）、乔凡尼·贝利尼（1430—1516）。

浪涛一般的思想。立面上还带有出色的贝壳与海的情调，威尼斯让我非常喜欢的是，建筑师并不特别避讳当地的成语，因为这里实质上是个渔村。

我忘记了建筑师的名字。科卢奇？科杜奇？……我没记住。我的脑袋把什么都忘了。人老了。我现在就像莱茵那样说话了，是吧？不过不要紧，这一切都不重要。

关于教堂，我还想给你们说点什么。这里的教堂很多，你们可能已经发现了。几乎每二十到三十平方米，至少每一百或二百平方米就有一座教堂。我不知道，这能证明什么。这是一个天主教国家，它们建于不同时代，一切都照规矩办。不过我想……这是我的臆想，我了解得不确切，或许完全不对。我想，这可以用这一事实来解释——意大利与荷兰一样，两个国家都避开了工业革命。除此之外，意大利还长时间避开了统一。意大利，这是个极端的个性化国家。也就是说，在这里，国家、政党、思想意识，甚至最终连教堂都不起什么作用。唯一起到联合作用的是家庭。你们所看到的所有教堂，它们总的说来，都是家庭的事。这并不是因为人要祈祷，请求宽恕罪过，而是在某个区，在某个地段，都住着一定数量的人，他们更愿意去这个教堂。这是些蒙太古与凯普莱特[1]式的人物，只是在生活习惯的配置水平上……在一定程度上，就像是些家庭小教堂。

可是这里的一切都相当复杂，因为城市小，几乎就是座岛上城市。在这种情况下，每一厘米都开始发挥某些完全不同的作用。不是因为他们懒，说到底，只要走上二百米，就可以走进另一座教堂。建一座自己的教堂不是更好吗？然而，也许主要还是历史原因……现在我要说一个可怕的东西，甚至还不完全是我相信的东西……它似乎被写下来放在艺术增刊的页边——谁为教堂效力，它就支持谁。你们知道在绘画中什么颜料最贵重吗？根本不是金色这种最流行的东西。是佛青。因为佛青——也就是钴，欧洲没有，是从印度运进来的。所以根据浅蓝色的用量，根据钴在壁画或画布上的用量，你们可以了解有关订这些画的人的富裕程度，或这座教堂的富裕程度。我的一位熟人在这其中发掘出了相当重要的东西。他在锡耶纳市的档案馆里发现了15世纪和16世纪伟大画家们的合同。其中对用料都作了精确的说明——多少盎司胭脂红，多少盎司钴，等等。预先说明主题，人员和用料的数量，则取决

---

[1]　语出莎士比亚的《罗密欧与朱丽叶》。蒙太古与凯普莱特为冤家对头。

于主顾的财富……为什么画家们要整个作坊整个团队地干呢？因为这确实是件大事。但最有意思的是，教堂好像是个附加物……说到底，在某种意义上这就是个画廊，对吧？原本这都是普及的，所谓的平民艺术。可某位贵族，或者皇宫的主人，能为自己预订一切并悬挂在墙上，而平民没办法这样做。他只是去教堂。根本谈不上什么装饰教堂，如果从 15—16 世纪的水平评判这一切，那就是文艺复兴的等价物，可以说，就相当于如今的电视。教堂里有多少事件啊！你们可以去那里看一看，去看看，看看……你们的头总是转来转去。你们可以集中在一点上。我甚至可以给你们多说一点：俄罗斯的圣像艺术以某种方式，与这些保持和谐一致。这已经完全是我的幻想了，看来，我将被我现在要说的话永远毁掉——可是，我以为俄罗斯的圣像中最主要的正是光环。因为光环，特别是你们身在教堂的时候，那里有巨大的祭坛，大量的神像……没有电灯，正如你们记得的那样，这一切全靠蜡烛照亮。所以光环——就是这些半圆，当你们身在教堂，当这些烛光摇曳的时候，这些神像上面也就有了动作。这是了不得的、紧张的，或者说下意识的，我想，也许甚至可以说是玄妙的时刻。这非常迷人，使你沉迷其中，使你的意识涣散，是吧？

然而，你们知道吗，你们是如何对待教堂的呢？你们出于不同的考虑来对待它。还有你来到时这个教堂所处的状态。我仅仅是出自这样的考虑，这么说吧，那里有一些绘画作品。有一次，我们和莱茵的一位共同的朋友来到西方，参观这些教堂，然后在《俄罗斯思想》上写了一篇文章，说西方的教堂如何冷，里面的"空气稀罕难求"——我认为为此应该掌嘴。因为在你之前有谁去了教堂，在你之后又有谁去过，这并不重要。就从这儿开始吧，好吗？

绘画艺术——这是教堂里十分有趣的东西。因为它们为教堂平添了些形而上的反映事物的角度。不是宗教的，而是形而上的。人们总是认为，教堂拿艺术来为自己服务。确实，绘画中有大量宗教的情节。但所有这一切，在我看来，实际上都是胡说八道。艺术的存在早于教堂，至少是早于基督教教堂。实际上，艺术允许自己在必要时就去服务。但这不是它的主要任务。对于教堂艺术来说，有意思的正是实现形而上的飞跃。西方艺术的精妙之处——西方艺术，包括意大利艺术，也包括你们在这些教堂里看到的东西——就在于这种形而上的飞跃。我绝对相信，丁托列托[1]、提埃玻罗[2]、贝利尼，假如他们没有机会为我们这些不幸的教堂（кьезуа）[3]工作的话，他们就会成为另一类

---

[1] 丁托列托（1518—1594），意大利画家。
[2] 提埃玻罗（1696—1770），意大利画家。
[3] 意大利语：chiesa，教堂。——原注

画家，就会有另一种处世之道。

总的来说，贝利尼是我心爱的画家之一。既然你们问了，那么我要说，他是最伟大的画家。乔凡尼·贝利尼。他还有兄弟和其他同姓的人。在这里，在圣匝加利亚教堂，他的圣母非常出色。我在什么地方……我记得我在《水印》里描述过：她抱着圣婴，他的左脚后跟……

圣母的手掌几乎触到了它。但没有触到……你们知道，在俄国的圣像画中，当圣母接触圣婴时，总表现为圣母用自己的脸贴着圣婴的脸。而这里完全是另一种表现。温柔在"不接触"中得到了惊人的体现。我不知道这该如何解释。这一切怎么能解释呢？它就该如此……不知道可比作什么。就像你躺在田野上，望着星空。你们中间没有任何人……只有你和星空。没有任何介质。面对面。

17

在"弗洛里安"咖啡馆.19世纪，20世纪

布罗茨基：

顺便问一下，你知道关于威尼斯的诗谁写得最好吗？维亚泽姆斯基。总的来说，他是一位卓越的先生。先不说他为何卓越——他度过了漫长的一生。他什么地方卓越——自然，他写诗。然而写诗，这经常出自青春时代的创作冲动。在青春时代很多人都写诗。比如说，那些在37岁或44岁便死去的人，像巴拉丁斯基，说到底，这不过是青春期创作中的一种惯性。然而，如果在写诗中度过漫长的一生……就是说，文学高于生命，这才是卓越之处。

这次谈话发生在"弗洛里安"咖啡馆，在它的露天柱廊上——在格拉帕酒和香槟酒之间。从侧面能看到圣马可大教堂。莱茵说，如果遵循挚爱意大利的象征派诗人佩尔佐夫的意见，那么圣马可大教堂在某些方面与圣瓦西里大教堂有些相似——是个古怪的玩具，或某种错误的、臆造的、别出心裁的东西。从世界建筑学的一切传统中脱颖而出。布罗茨基答道："在一定程度上是的。圣马可大教堂完全是拜占庭式建筑，上面加了些哥特式装饰，应有尽有。这一切都是适宜的，因为威尼斯和拜占庭在商业与政治方面的联系在三百年间是极为密切的。例如，整座教堂内部—— 一半是壁画，而另四分之三是马赛克。"（他的算术有时候很怪，可是这并不重要——甚至还非常有趣。）

之后他又陷入了沉思："佩尔佐夫也许并非全都知道。因为，圣马可弟兄会也是非常相似的建筑，就在帕多瓦市和维琴察市。如果你到那儿去，你就会见到同样的建筑学标准。我想，圣马可大教堂很可能起了推动作用。"接着，他建议我们："我要是你们，就一定设法在晚上拍摄圣马可大教堂。可以抓拍，他们会在某一时刻照亮这些立面……这出人意料的美。"

我们问他，他是否每次都要到"弗洛里安"咖啡馆坐坐。他回答说，一般来讲，是这样。因为这是同某人见面的较为简单的方法。"弗洛里安"是威尼斯的文化麦加。说实话，如果你是第一次来到这座城市的话，要找到它也很容易。

布罗茨基：

本来弗洛里安是这个咖啡馆的老板。所以可以说"在弗洛里安那儿"，而无须加什么引号……哦，那是在18世纪初。拿破仑和奥地利人在这里转悠过以后，在威尼斯开始大量涌现这样的咖啡馆。不过，"弗洛里安"是最古老的，还可能是唯一保存下来的一家。其装饰独树一帜。的确应该看看，顺便提一句……这是对所谓装饰浪漫主义的颂扬，是吧？

最近二百多年间，许多人都曾经来过这家咖啡馆。缪塞、乔治·桑、肖邦，还有许多我不知道的人。还有司汤达，照规矩，大家都来。结果便是，此刻坐在"弗洛里安"里的是我们这些人。这何尝不是一种衰落？一百年之后，如果这些还能留存下来，人们就会说，莱茵与布罗茨基曾在"弗洛里安"里坐过。

看，又是同样的情形，当你为了钱，进入这个世界文化大潮……奥登曾在这里坐过。这些都是我的圣者。这里还坐过斯坦尼斯拉夫斯基，还有形形色色的人。蒙塔莱，一位对梦幻有特异反应的先生。也许，这是我听到的最好的奉承话……在1971年或1972年，我去见德拉尼·布塔法韦——陀思妥耶夫斯基的意大利语译者，我的朋友。我把自己的几首诗交给他，他说："我试着翻译一下。"过了两三晚之后他来到我这儿，对我说："你知道你的诗让我联想到了什么吗？"我问："什么？"他说道："蒙塔莱的《萨图拉》。"[1]这真让人高兴。

我翻译过意大利诗人的作品。比如，乌姆贝尔托·萨巴。我年轻的时候翻译过夸西莫多[2]，出于自己的意愿。我记得，他有一个集子，叫《真假绿色》。"生命早就不再是心脏搏动和同情，/ 变成了冷血的拍打，/ 和感染的死亡……"我想，有什么事发生了。这还是很有趣的。我不知道，任卡。我来讲讲这个东西吧，看看你是否喜欢。

在我们的故乡，起码我自己是这样——这些意大利诗人，像萨尔瓦多·夸西莫多，那时候斯卢茨基在翻译他，

---

[1] 《萨图拉》(Satura) 是蒙塔莱的诗歌集。Satura 一词源于拉丁语，意即配有各色菜肴的拼盘，或大杂烩。蒙塔莱以此作为诗集的名字，暗喻这部作品在内容和风格上包容的多样性。

[2] 夸西莫多（1901—1968），意大利诗人，1959年获诺贝尔文学奖。

还有谁在翻译……还有我。还有乌姆贝尔托·萨巴，以及索罗诺维奇翻译的蒙塔莱。由此我产生了一个想法，甚至不是某种意大利式的，而是被我称为意大利的东西。这对于我可能是世界上最有意思的东西。你知道吗，如果用图画来解释，那么这将是一幅水彩画—— 一小片蓝天，残破的圆柱与一些青草。背景是灰色的，甚至是褐色，就像之前我们用的那种书皮纸。也就是当年在"学院"出版社（Academia）出版过的那些书，那里面是些赤陶器，还有白色的……不过，那里面还有另一些图画，不是科纳舍维奇[1]式的，而是另一种。

于是就有了这个意大利。我在这里居住，我经常到这里来，不是为了寻找这个意大利，而是为了同这个意大利……或许我也会在作品中将它投射出来。

*　　*　　*

下面录音断了。不知为什么摄像机被关闭了。重新开始录像已是在关于英国诗人的谈话中间，他们谈的是雪莱和拜伦。

----

[1]　科纳舍维奇（1888—1963），苏联画家。

布罗茨基：

还记得阿赫玛托娃的诗吗？

> ……
>
> 在岸上，死去的雪莱躺在那里，
> 两眼直直地望着天空，——
> 全世界所有的云雀
> 撕扯着无边无际的仙境，
> 格奥尔格举着火炬……

雪莱与莱蒙托夫一样。是一团火！连同你所谓的强劲的抽球。将"抽球"的概念引入祖国文学的正是我。因为我是按照英语来理解这个词的……莱蒙托夫有一部卓越的、天才的作品。当然，他的作品很多，但其中有一部非常优秀的作品。这就是《瓦列里克》。你知道那里面有什么吗？那里面有诗歌中十足梦幻的东西。他说：

> 首先，因为我深深地，
> 久久地，久久地爱着您……

他从高加索给她写信。他描写车臣与帝国之间的战场，这些鲜血流成的河，鬼知道堆砌了些什么东西。可是突然那个地方被称为瓦列里克。于是，你就体验到一种被称作荒诞的感觉。这应该说是一个巨大突破，是吧？……

嘿，生活！你知道吗，我编了一本英文版的19世纪俄国诗歌选。我在里面做了很好的注释。所有诗人的生平经历，我都用简短的形式予以说明：谁，怎么回事。译文很棒，相当在行，我非常喜欢。那里面收录的诗人不太多，十五到二十位吧。这是相当愉快的工作。

我们在"弗洛里安"谈到的那些关于19世纪的事，现在我们重回到这个话题——我们坐在这里谈19世纪，有两点是明确的。先是"弗洛里安"咖啡馆，当时它正处于名望的巅峰。那里全都是天赋超群的人物，19世纪全球文学界名人——他们全都……在俄语中有个很好的说法……他们全都不舍昼夜地待在这里。除此之外，19世纪就像一本书，永远也读不完。19世纪——看哪，多么神奇！它包含了如此截然相反的人物—— 一方面是拿破仑，另一方面是陀思妥耶夫斯基。也就是说，这个世纪比其他任何世纪都要伟大。20世纪——它要单一很多，是吧？世纪是个虚构的范畴。百年，这是俄语中的叫法。随后而至的20世纪和它相比，不过是提要，或页边杂记而已。因为所有重要的思想、观点，全都产生于19世纪，并被应用于今天。20世纪没有产生任何新成果，只有一个东西——速度观念，或者说，加速度。如果你听贝多芬的《第十七钢琴奏鸣曲》，你会在其中感受到加速度，它在一定程度上要超过《布吉－伍吉舞曲》。这极其有趣——贝多芬的加速度是从哪儿来的呢？叶子凋零，鸟儿飞翔，等等——那里都没有。在艺术材料中才有加速度。

*   *   *

莱茵问，他是否读过美国人托夫勒[1]写的一本名叫《未来的冲击》的书，其中讲到，我们生活在其中的物质，与百分之九十五的抽象世界，都出现在20世纪，人类在20世纪走过了比从埃及法老到丘吉尔还要漫长的道路。

布罗茨基：

我不同意。绝对不是这样。我绝对不同意。人们没能走过这条路——它脱了轨。在20世纪……我们为什么要谈论19世纪的诗人们呢？因为19世纪的诗人——他们

---

[1]　阿尔温·托夫勒（1928—2016），美国著名未来学家。

写作的方式，即便是古埃及人也能理解。诗人的观点，人在宇宙中的感觉，在 19 世纪和在古希腊罗马时代几乎没有什么分别。他们在地球上的移动还是用那个速度——或骑马，或坐车。在 20 世纪产生了卓越的加速度——先是到处都有了铁路，然后是汽车，然后是飞机，然后鬼知道又是什么东西。因果关系全从烟囱里跑了。所以在 19 世纪，很大程度上，诗人们比我们更有能力集中注意力在个人身上，在树木、花草上。到了今天，在文学中，树木、花草，还有水——至少在诗歌中已经没有人充分地留意它们。最后一个人是曼德尔施塔姆——"我为你把这杯苦水一饮而尽"。在俄国诗歌中，关于水，再没有谁说过这么有分量的话了。没有人再看一眼！一部分是因为他们没有时间。这就是我所说的脱轨。这不是未来，这不是未来的冲击，这不过是丧失了人的面貌。

18

身披斗篷的人

　　莱茵在这些日子里写了一些诗——狂热地写，写在一些小纸片上，不停地寻找韵脚，大声朗读，以至于让富有激情的意大利人都感到害怕。"这位俄国人对什么不满意呢？"小饭馆的老板多次用蹩脚的英语问，直到我们吃完他做的极美味的意大利面为止。"没什么，他只不过是位诗人而已。"我们回答。在这些日子里，他写了一首《威尼斯的猫》。并把它献给了"约瑟夫·布罗茨基"。

　　希绍夫：约瑟夫·亚历山德罗维奇，您是一位爱猫者……

　　布罗茨基：是。

希绍夫：为什么猫是您最喜欢的动物呢？

布罗茨基：这很简单。我记得，有一次我心梗发作，躺在纽约的一位女熟人家里，动弹不得。总之，在得了心梗之后我就那么躺着。她有一只猫。自然啦，我只得比平时更集中精力地观察它。我望着这只猫——一只黑色的猫。我突然想到，无论它采取什么姿势，无论它从事什么活动，甚至就连它排便时都是很优雅的。没有哪个姿势看着不美。于是我就想到，比如说，我们拿一个最美的女性做例子，哪怕是梦露，也总在某些状态下，会显得不那么好看。当她系鞋带儿的时候……于是我想，我们的审美标准、美的尺度，是从哪儿来的呢，如果猫能百分之百地实现它，而人不过只有百分之七十吧？从另一个方面来说，猫要求人们对自己绝对关注。否则猫认为您不忠诚，它完全可以冷漠地转投另一个主人的怀抱。但这完全是自然心理学。猫能对你说什么呢？"要么你百分之百地关注我，要么我去另一个地方。"这个观点，这个猫的专制制度，我非常喜欢。除此之外，还有一点，虽然这点没有考虑到你们——拍摄纪录片的人们——那就是，猫完全不在乎电子仪器设备。也就是说，电视影像对它们不产生任何影响。所以我想，如果能制造出某种类似的疫苗，将其注射给人类，那倒是非常明智的。

希绍夫：那么威尼斯就是猫城啦？

布罗茨基：威尼斯是最高级的猫城。威尼斯有许多石狮子，猫在这些石狮子前坐着，就像是活雕塑。这里的确有许多猫。或许因为这里鱼很多。许多地方简直鱼骨遍布，那里便会出现大规模的猫音乐会。我则想说，是猫议会。

* * *

这时，他走到桥上，就像登上舷梯那样："从这里往下看真美呀！看那儿，那儿。"他披着他那件总不离身的，优雅的，布满褶皱的斗篷。

> 沿舷梯登上船舷，走向自己的座位，
> 游客衣兜里塞着格拉帕酒，
> 他谁都不是，只是一个披着斗篷的人……

这是最后的一天。

19

最后一天

"如果最终摄像机不落入河底，我会非常惊讶。"布罗茨基说着，还往水里看……

最后一天，我们乘船游览威尼斯。罗伯特·摩尔根也跟我们在一起。"鲍勃认为，这很像列宁格勒。"布罗茨基大声笑着说。他很想大声呼喊："有人落水啦！"他脸上带着非常幸福的神情。他一再用手抚摸运河上面的拱桥，当廖沙问"你在这里驾驶过小船吗？"时，他向廖沙做了一个用力划船的姿势，说道："我是马耳他骑士。"当我们从一座画着马耳他十字的楼房旁划过时，他指给正在摄像的摄影师奥列格·绍罗赫看："喂，奥列格，看那儿！这就是出色的官邸上的附属望楼。"他又转过来对莱茵说：

"任卡，那里是海滨浴场。"在影片中可以看到，他不时吸伐力多（validolum）药水，或者吞咽某种治疗心脏病的药片。

按照他的计划，我们应当去大运河，再去兵工厂，到兵工厂后再转向潟湖。他在快艇上站直身子，用手指点着说："这是安康圣母教堂。这座教堂是为了纪念人们摆脱瘟疫而修建的。这是圣乔治。这是威尼斯救主堂。那里是公爵府，就是总督宫。"站在他旁边的廖沙问道："对您来说，这些建筑中哪一座最宏伟、最可爱呢？哪一座您最喜欢？"他答道："我完全不能把它们分开来区别对待。"从圣米凯莱岛旁边经过，我们的快艇激起的波浪打湿了它的红砖墙。

奥列格·绍罗赫过于专注，几乎把摄影机抵到了威尼斯的水面，浪花溅到上面，摄影机坏了。镜头上的水珠在胶片上清晰可见，于是它成了最后一个画面。也就是说，这场拍摄未能自然结束，而是被迫中断的。

他以访谈的形式与我们（廖沙和我）告别。我许诺为《文学报》带回些材料去，他在这天就给了我。我们三人坐在"弗洛里安"咖啡馆的桌子旁边，录音带嘶嘶转动，录下了他说的话……我用他当时的话来命名这篇访谈：《没有正确的人与错误的人，永远也不会有》。后来莱茵出现在圣马可广场上，轮到他来告别了。我们站起身来，布罗茨基对我们说："保重。"虽然这是一句用英语说出来的变了样子的话，但还是让我们心头一紧。我和廖沙彼此再也没说一句话，就这样走进了圣马可大教堂，为他点燃了蜡烛。我们两人都深信，我们将再也见不到他了。

20

其他

在莫斯科我们和布罗茨基通过几次电话——在制作纪录片的时候，也就是当工作收尾的时候。我们把片子寄给了他，但不记得用的什么办法了。后来《与布罗茨基一起漫步》得了"电视太空"职业电视奖。这是在 1995 年 5 月 24 日，他最后一个生日那天。当时我们给他打电话，祝贺他生日，并问他觉得拍得如何。他的回答出人意料："似乎没什么吧。音乐非常好。但关于我个人的东西有点太多了。"

1995 年夏天，我们去拍片子。回来后，在办公桌上的一堆文件中间，我发现一个写有回信地址的信封：

Josef Brodsky

居然没有寄丢。信封里面有一张普普通通的明信片，两面都是他的字体。他感谢生日祝福，还写道：

> 想一想真有点怪，我还能给某些人留下好印象。

然而最主要的是，他建议我们做一个关于 20 世纪伟大英语诗人的系列——弗罗斯特、奥登、艾略特和叶芝，特别是前两位。并且，他在括号中写道："这只是我个人的建议。"他写道，弗罗斯特被安德烈·谢尔盖耶夫出色地译成了俄语。奥登也翻译过来了，但差一些——他、奥登，与斯特拉文斯基友谊笃厚……

> 您想一想吧。虽然纽约——不是 Serenissima。
>
> 您的 约瑟夫·布罗茨基

神秘的单词"Serenissima"我们不懂，后来查明，就是"最宁静"，[1] 从前在节庆的日子就这样称呼威尼斯共

---

[1] 威尼斯共和国又称"最宁静的共和国"（Most Serene Republic of Venice，拉丁文：*Serenissima Respublica*），Serene 是历史上许多欧洲国家的头衔，意为"最尊贵的"。因此，这一名称强调了共和国的主权色彩。

和国。

于是我们产生了一个想法——难道我们还能再见到他？我们马上拨去了电话。明信片上写着日期，6月25日，可当时已是秋天。他接电话时情绪很好，大概意思是，已经记不清当时写了些什么了……但后来他说：

"好吧，伊莲娜，1月29日给我打电话。新学期开始前我要去南哈德利[1]，到时候我们再讨论。"说完，给了我们电话号码。

1996年1月28日星期日。我们约好第二天要给他打电话。晚上我打开电视节目《总结》[2]，叶夫根尼·基谢廖夫说道："今天，伟大的俄罗斯诗人约瑟夫·布罗茨基在纽约去世。"

我已回忆不起来，纪录片中当安葬船艇驶向圣米凯莱岛时响起的歌剧《拉美莫尔的露琪亚》中的咏叹调，是我们的特意安排还是音乐编辑建议的。

"多尼采蒂的《拉美莫尔的露琪亚》好极了。如果我死了，我希望到时就演奏它。'如果我死了'！那是什么时候呢。"

2010年，廖沙也不在了——他也"去世于1月，一年

---

[1] 美国马萨诸塞州汉普夏县的一个镇。1972—1980年，布罗茨基在蒙特霍利约克学院任教。
[2] 1992—2003年的一档资讯分析节目。

之始"。

自我们拍摄这部纪录片以后，多少流水已经逝去——威尼斯的水，圣彼得堡的水。世界变了，那个世纪也已经结束。约瑟夫·亚历山德罗维奇病逝二十年后，2016 年 1 月 28 日，在他的忌日，配有英语字幕的《与布罗茨基一起漫步》在伦敦上映。他的女儿安娜 – 玛丽亚坐在大厅里。我突然明白，这是她第一次看到自己这样的父亲。我们拍摄时，她才五个月大。而现在，她已经长成了非常像他的漂亮姑娘。后来她说："不是每个幼年丧父的人都能得到这样的幸福——看到他是什么样子的，感觉到人们是怎样需要他。"

我们在威尼斯的最后一天，在"弗洛里安"的桌旁，他给我和廖沙在一本专门从莫斯科带来的书上题词。书名叫作《上帝保佑一切》。

21

威尼斯访谈录

布罗茨基的威尼斯访谈录刊登于 1994 年 1 月 12 日的《文学报》。我当时编辑、删减过。而现在，重新听过全部录音带之后，我发现在其中一盒录音带上仍保留着我们与他最后一次谈话的录音。在这二十多年中我第一次读了它的解析文本。

亚科维奇：约瑟夫·亚历山德罗维奇，我很想把这次采访建立在比较有概括性的基础之上，因为我们已经谈过许多次，许多东西已经搞清楚了。我想问的是，您把自己的生活视为一个整体，还是按某一事件分成几个阶段？比如，离开俄国之前和离开俄国之后。

布罗茨基：不能分。完全不能。这是一个整体。或是因为它已经这么长了，或是它有这么多的部分，已经难以全都记清楚。所以就作为一个整体来看待吧。我这么说没有任何夸张修饰的色彩。

亚科维奇：我的提问也是不加评说的。

布罗茨基：我不太了解过去可以分为哪些种类。而对未来了解得就更少了。我想，这有点——用英语来说，就像中学里教给我们的那样，present continuous tense，现在进行时。我多少是这样理解的。

亚科维奇：甚至连在俄国的生活和离开俄国之后的生活这两部分也不分吗？

布罗茨基：我想，不能分。当我离开以后，当我意外地到了美利坚合众国以后——这在很大程度上是出乎意料的，我告诫自己："约瑟夫，你要以这种方式行事，就像什么也没有发生过那样。"客观地说，让自己的行为适应这个戏剧性的变化。我不过是决定……这就像是对我的期待吧。一些反常的性格提醒我注意那样的举止——就是我刚才说的那样。而且，让自己表现得像个没事人一样也并不需要多大的努力。每个国家，说到底，只是空间的延续，就像每一天和每一年，都不过是时间的延续而已。

亚科维奇：在我们昨天的谈话中，您说的一句话有些模棱两可。我想弄清楚，它到底是什么意思。您说："我使人们感兴趣的是我过着另类的生活。"在这其中您设置了什么样的内涵呢？

布罗茨基：哦，就跟其他人一样，使人感兴趣的是，他过的不是千篇一律的生活，而是他自己的生活。也许，这里面……我不认为，我的生活以及个人状况使人感兴趣。我希望，我使人感兴趣的是我在写些什么，纸面上有什么作品。从这个意义上讲，我还能留存下来多少东西。所以，我认为，最好是阅读我的作品，而不是同我本人打交道。在这方面，我想我的确有别于我那些作家同行。就因为这些。我想，是这样的。

亚科维奇：您知道，在俄罗斯有这样一个传统：如果你感兴趣的是一个人在纸面上呈现的东西，那么人们对他的个性方面会有更强烈的兴趣。

布罗茨基：噢，我理解。是有这样的传统。对这个传统，或对这个倾向，我的态度可以说有所不同。

亚科维奇：您在西方已经生活多少年啦？

布罗茨基：二十一年。

亚科维奇：在这二十一年间，您对俄国的态度是否发生了变化呢？

布罗茨基：那自然是变了，自然。有过这样那样的刺激因素。但在我所有因爱国而产生的感觉中，有一个共通之处，就是巨大的同情和惋惜。惋惜感。

亚科维奇：为什么有惋惜感呢？

布罗茨基：因为很多时候，人们过着那种不完全正常的生活，而我认为，他们本来可以生活得更幸福一些。

亚科维奇：您在其中发现了多少存在主义的原因，和多少我们历史的原因？历史确实给自己招致了在本世纪所能招致的一切吗？

布罗茨基：这是真的。我想，这在很大程度上是历史形势所决定的。我想，我本来是有能力将客观的存在主义的现实移除到括号之外的。

亚科维奇：您认为，这个客观的存在主义的现实在哪儿更显而易见——在俄国，还是在西方？

布罗茨基：无疑，是在俄国。当他们开始把我们从工棚里往外赶，让我们光脚站在雪地上时，我想，已无法想象还能把我们脱得更精光一点了。如果你们还需要细节的话。

亚科维奇：不过，虽然我觉得不是这样，但这个问题更合逻辑的回答还是"在西方"，因为在西方一切都安排得会更好一些，那里存在主义的本质也不依靠这个"安排较好"而存在。在俄国，在一切都更赤裸的条件下，似乎还存在着某些外在的前提。好像，把它们拿掉，才能把一切安排好。

布罗茨基：我从字面上理解生存的赤裸，就是赤裸。

希绍夫：约瑟夫·亚历山德罗维奇，您在美国已经生活了二十一年。美国对于您来说意味着什么？是第二故乡，接纳了您的新国家？对美国您是什么样的感受呢？

布罗茨基：那是我生活的国家，我是那个国家的公民，看来，我也将在那个国家死去。我自然认为，它是我今天的家园。不仅是我认为，它就是这样的，并不取决于我的意见。

亚科维奇：可是，对此需要做某些努力呀。

布罗茨基：不，这不需要特殊的努力……位置的变化，或者，帝国的更改，并不那么困难、那么病态。这是从复杂过渡到简单的选项。至少在日常生活方面。

亚科维奇：您把合众国称为帝国不是偶然的吧？您在这个概念中置入了什么样的内涵呢？

布罗茨基：啊，不是。不是一般意义上的帝国。我指的首先是规模和影响，被纳入这种或那种政治体系中实际的人口数量。

希绍夫：美国被称为——甚至在我们这里也被称为——"熔炉"……比如说，当我本人到了那儿以后，就有一种怪怪的感觉，觉得这是某个未来国家的巨大熔炉，黑人、黄人、白人，这些全都混合在一起，一切都进入了一口巨大而坚实的"锅"中，而它被称为"21 世纪文明"。在您看来，是这样吗？

布罗茨基：在某些意义上来说，我想确实是这样。我不能很好地设想 21 世纪将是什么样子，在这方面，比起你们，我关注的要少一些，这与年龄有关。但我认为，未来确实与种族、民族、文化等融合有更紧密的联系，比我们这些 20 世纪的见证人，甚至比 20 世纪的美国人所见的更为紧密。这首先关乎种群爆炸、人口现实、信息沟通手段，等等。在这个意义上，看来美国似乎有预见，也可以说是，存在主义的预见。如果谈到这种混合，谈及这口熔锅——英语是 melting pot——比较合理的说法是纽约，而不是整个美洲。还存在一些地方，在那里这个融合的过程更明显更迅速。譬如，在加勒比海国家地区。在委内瑞拉，在特立尼达和多巴哥，你们能看到完全是不可想象的种族融合与文化融合。那里人们说英语、西班牙语、法语，等等，就是没有俄语。欧洲联合运动也是如此，我想，这是来自未来的呼唤。在 2000 年以前，据联合国的统计，白色人种的人口数量，在地球上将占百分之十一。我不知道，这个你们是否听说过。许多现在正在进行的政治过程就直接肇始于此，其中就包括美国，这就已经是它的回声。因为——未来正力争来得更快一些，所以它现在便已经在努力为自己清理道路了。

亚科维奇：所以我们说，历史发展的道路现在正从欧洲模式过渡到美国模式。您的观点是，那里正在形成一种新的模式？

布罗茨基：你们知道，谈在什么地方已经有了什么模式，我想这并不合理，即便合理，也不那么有意思。因为社会模式化——就是人口学，首先是人口学。最终、最最终，才是社会的政治组织形式。噢，如果用俄国的眼睛看待一切，那么的确，俄国人可以认为美国在把自己打扮成来自未来的闪光的照片。

希绍夫：对于所有的人都显而易见，在19世纪末，在20世纪初，俄国曾有那么一种先兆。它曾是一个拥有重要机遇的国家，就是说感觉到有某种潜力，某种巨大的……

布罗茨基：潜能。哦，实际上不完全是那样，俄国没有这个东西。

希绍夫：曾经有过某种巨大潜力的先兆。至于它表现为何种形式，向什么方向发展，就是另一回事了……就像您现在在估计的这样，这个先兆还在吗？这个此刻表现得有些疲惫的国家还能够实现飞越吗？

布罗茨基：不，我想……因为您问我，所以我打算用一种完全私人的方式来回答。不，这是个前途并不明朗的国家。这是我的看法。什么应该发生什么就会发生，就是说，不由自主地，在很大程度上违背人们意愿地发生。与其说一切都取决于幻想、见解——就不必提世界上的意识形态了——还不如说取决于每天日常生活的需要。我甚至不觉得存在什么前提。俄国本来有可能在本世纪成为另一种国家，假如1917年的革命晚三十年发生的话。假如开始于19世纪末20世纪初的俄国工业化能得到发展的话。那时候广泛的工业化基础，连同交通、通信和其他设施，都会被新的政治制度所继承。然而没有这个可能了——革命于1917年爆发了。总的来说，没有什么特别可以继承的。

希绍夫：您认为可以接受这样的概念吗？比如，精神生活的集约化？

布罗茨基：精神生活集约化？这说的永远是个体。不……

亚科维奇：也就是说，这里没有相应的土壤？

布罗茨基：人非草木。如果人想往哪里扎根，那很可能是往上，而不是向下。这总是取决于个体。我想，在美国与在俄国一样，因为我们所说的这两个国家，都可以找到一定数量的土壤派作家，比例大致相同；也可以找到世界主义者，如果想找的话。取决于你们是否感兴趣。比如说，我比较感兴趣的是世界主义者。但是，我酷爱土壤。我酷爱，比如，像福克纳 [1] 这样的人。咱们这里看来就是

---

[1]　福克纳（1897—1962），美国作家，代表作有《喧哗与躁动》《我弥留之际》等。1949年获诺贝尔文学奖。

列斯科夫[1]了。可是我没有能力说，谁更好、谁更差一些。应该给谁的钱更多些，给谁的钱更少些。

希绍夫：有一个古老而善良的，但又首先是个专属于侨民的神话故事，好像说在美国与俄国有不同的精神生活。啊，我就不提叶赛宁和马雅可夫斯基的主张了，要说的是60—80年代的侨民。美国，简而言之，是机器的国家，那里完全是另一种类型的精神上与智能上的生活。而在俄国，一切都在沸腾，都在腾飞。是的，那里有许多可怕的、不幸的、沉重的和恐怖的东西，然而……自然，这在很多情况下只是神话。但在这些的背后到底是什么呢？或者，什么都没有？

布罗茨基：在我看来并不多。当您说起精神生活的时候，确实，应当按照这样的最佳标准来衡量。比如说，最有代表性的，最方便的标准之一就是艺术。至于精神生活，真正的精神生活——我们就不说宗教了吧。当我们谈及西方的精神生活时，那么福克纳是美国人，弗罗斯特是美国人，贝克特是爱尔兰人……我并不认为，说实话，这是相当严厉的话，就是俄国文学在20世纪后半叶给了世界贝克特的某种等价物——我认为贝克特确实是最杰出

---

[1] 列斯科夫（1831—1895），俄国作家，代表作品有《走投无路》《巧妙的理发师》等。

的。当然了，于我而言。我说的是我个人的主观感受。所以，当我们说起精神生活时……我认为，没有任何分化。我想，西方一点也不贫穷，如果——请原谅——不是更富裕的话。是西方提供了普鲁斯特，而不是俄国。俄国提供了普拉托诺夫[1]。

希绍夫：就我理解，您读了许多手稿。我这样理解，手稿有用俄语写的，也有用英语写的。在您看来，英语文学与俄语文学的现实状况的区别，在哪里呢？

布罗茨基：首先，是手段的不同。你们看到的英文诗作大多是在当代英语诗学的语言学环境中完成的，即自由诗等。说起俄语材料，则经常出现优秀的诗作。但不幸的是，我无法关注所有这一切，因为如果这样做，就要用掉全部时间。我尝试着尽可能地以某种方式回答作者来信，根据情况提供一些有用的意见，但我并非都能成功。我明白您问的是什么。有没有确定的相似性或者差别呢？我想，由于我的母语是俄语，我以更大的兴趣，也是以更为自然的方式，对俄语材料做出反应。在大多数情况下，我对于读俄语作品比读英语作品更有兴趣。虽然也会遇到一些非常卓越的英文作者。

亚科维奇：您过渡到双语——自然，是很有条件的，

---

[1]　普拉托诺夫（1899—1951），苏联小说家，剧作家。

但不管怎么样，俄国人就是俄国人嘛！肯定会受局限，或是，总还要做某些内在的努力吧？存在着内在的原因吧？还是说，这是自然而然地形成的？

布罗茨基：这绝对是自然而然地，本能地发生的。开始时是这样的——我来到美国一两年之后，各种不同的杂志开始向我约稿。其中包括，譬如，*Review of Books*。我先用俄语写，然后再译成英语，或是请我的朋友翻译。后来，在一个美好的时刻……约稿的时候，总要定一个期限。如果先用俄语写，再译成英语，那定什么样的期限也来不及。所以，在一个美好的时刻——我记得，这是一篇关于希腊诗人卡瓦菲斯[1]的文章，我开始直接用英语写。也许是关于蒙塔莱的，我不记得了。我以为，是关于卡瓦菲斯的。

希绍夫：现在，对于您来说，用英语写作已经绝对自然了吗？

布罗茨基：是的，绝对自然了。

亚科维奇：可刚开始时，您不感到恼火吗？因为用俄语您无所不能，而用英语总还是有点……

布罗茨基：丝毫不恼火。其实，人完全能够——我想，在一定程度上——至少可以有效地使用两种语言。整

---

[1]　孔斯坦廷诺·卡瓦菲斯（1863—1933），希腊裔埃及诗人。

个俄国的 18 世纪与 19 世纪不就是证明吗？到 1917 年之前，我想，掌握两种语言对俄国知识分子来说完全正常，至少受过教育的人没有问题。1917 年之后似乎出现了一种形势，导致今天面对着这样的局面——人们惊讶地扬起眉毛，对双语能力表示怀疑。这没有任何道理，这实属正常。除此之外，我觉得英语和英国文学非常有趣。我翻译的东西相当多，其他语言也一样，但从英语翻译的更多些。不过我就是喜欢一种在其他国家的文学中没有清晰地发现过的东西——个人责任感。看来，它与盎格鲁－撒克逊文化的整体特征有关。所以，在自己的阅读中我便开始对英国人越来越尊重。这还得益于我一开始就邂逅了一些非常优秀的英国诗人。假如我邂逅的是二流人物，是二流材料……除此之外，这还与我对纯韵律学的兴趣有联系。我就是喜欢……我就是想"磨炼"一下语言，使它更严谨一些。从外界不可能得到任何帮助，也就是没有什么可依赖的。至少在俄罗斯文学中，尤其是在 20 世纪的俄罗斯诗歌中，在这个意义上，很少有什么可以依赖的。在英国人那儿有。现在从左侧和右侧都响起了叽叽喳喳声，说我处于英语诗歌的影响之下。那些着了迷的年轻人死死地盯着，甚至还逐词逐句地核对。这绝对都是谬论。最好的诗歌语言中的语言学，是罗蒙诺索夫引进俄国诗歌中来的。我绝对没有这样的意图——比如说，把英国的野蔷薇，或者山楂，嫁接到俄国的玫瑰花上吧……噢，这些年轻人所写的一切，我认为都绝对是他们自己的臆想。可这并不使我难过，因为当有人告诉我，说我在模仿奥登，我认为，这是我能得到的最大的恭维。成为他的模仿者，这是最美好的命运。

希绍夫：您如何看待他人翻译您的文章？

布罗茨基：译成俄语吗？厌恶。绝对厌恶。这是其一。另外则是内心的极大痛苦。我几乎难以读下去。为什么我不亲自翻译它们呢——我没有时间干这个事。有一两次我曾试图做点类似的工作，有几次甚至试图修改我收到的这些翻译，但这是不可能的，那样一来就必须坐下来，把一切全都重新抄写一遍。

希绍夫：也就是，把用英语写成的文章改写为俄语，还不如直接用俄语写作轻松吗？

布罗茨基：不如另写一篇文章。

希绍夫：纳博科夫便把自己的长篇小说译成了俄语……

布罗茨基：他这样做的时候，他的时间比我现在的时间多。

亚科维奇：可是我觉得，您对任何翻译都不满意呀。

布罗茨基：戈雷舍夫给我说过这个。他是我的朋友，最好的英语译者。可是，我不知道。我对此没有信心。没有信心。

希绍夫：您有没有在最近五到十年内写出一个大部头的散文作品的愿望呢？不是长篇，算是中篇小说吧。

布罗茨基：没有。从来没有。

亚科维奇：我有一个奇怪的问题。在俄国，有没有您不知道的人，他们……

布罗茨基：一定有。还很多。而且一天比一天多。

亚科维奇：不知道——意思就是没见过面。但根据您读过的东西，您可能很想同他们交往。

布罗茨基：您知道，我已经老了。我毕竟 53 岁了。我已经没有特别强烈的愿望，没有与人交往的追求与渴望了。总的来说，不特别渴望了。看来呀，的确是存在着新的青年一代。他们的条件比我所属的那代人好，哪怕仅仅是，他们掌握的文化资源要比我们那时丰富多了。然而，每个人都属于自己的那个物质的、自然和生理上的环境，而环境又取决于年龄。我不知道，也许，他们从我这儿得到过什么益处，我怀疑这一点。我担心，我不需要他们什么。他们也引不起我其他什么感觉来，除了遗憾的叹息——因为我正在接近这个世界的出口，我们不能同处一个时代了。

1993 年 11 月

鸣 谢

没有布罗茨基的朋友——诗人叶夫根尼·莱茵的参与，这部纪录片便不可能完成。为此我将永远感谢他。

感谢曾在 1993 年支持过我们的叶夫根尼·西多罗夫、尤里·利沃夫和丽雅·卢奇尼科娃。没有他们，纪录片便不可能拍摄成功。

感谢塔季亚娜·安德里阿索娃和娜塔莉亚·扎切索娃，她们帮助我战胜自我，克服在这部书稿面前的恐惧。也要感谢亚历山大·克留科夫——因为他把纪录片里的镜头转换成了照片。

当然，也要感谢瓦利雅·戈尔诺斯塔耶娃、伊拉·库兹涅佐娃与安德烈·邦达连科，感谢他们对本书的热切关注，以及从中给予的帮助。

图书在版编目（CIP）数据

与布罗茨基漫步威尼斯 /（俄罗斯）伊莲娜·亚科维奇 著；谷兴亚 译 . — 北京：
东方出版社，2020.9
ISBN 978-7-5207-1581-2

Ⅰ.①与⋯　Ⅱ.①伊⋯ ②谷⋯　Ⅲ.①布罗茨基—访问记　Ⅳ.① K837.125.6

中国版本图书馆 CIP 数据核字（2020）第 112401 号

本书中文简体字版权由大苹果代理
中文简体字版专有权属东方出版社
著作权合同登记号 图字：01-2020-0922号

与布罗茨基漫步威尼斯
（YU BULUOCIJI MANBU WEINISI）

作　　者：［俄］伊莲娜·亚科维奇
译　　者：谷兴亚
出版统筹：吴玉萍
责任编辑：赵爱华　杨袁媛
责任审校：谷轶波
出　　版：东方出版社
发　　行：人民东方出版传媒有限公司
地　　址：北京市朝阳区西坝河北里 51 号
邮　　编：100028
印　　刷：北京汇林印务有限公司
版　　次：2020 年 9 月第 1 版
印　　次：2020 年 9 月第 1 次印刷
开　　本：880 毫米 ×1230 毫米　1/32
印　　张：7
字　　数：112 千字
书　　号：ISBN 978-7-5207-1581-2
定　　价：56.00 元
发行电话：（010）85924663　85924644　85924641